# 不会讲故事 怎么做销售

老陆 ◎ 著

中国华侨出版社
北京

图书在版编目（CIP）数据

不会讲故事，怎么做销售 / 老陆著 .—北京：中国华侨出版社，2018.6
　ISBN 978-7-5113-7743-2

Ⅰ.①不… Ⅱ.①老… Ⅲ.①销售－方法 Ⅳ.① F713.3

中国版本图书馆 CIP 数据核字（2018）第 156980 号

**不会讲故事，怎么做销售**

| | |
|---|---|
| 著　　者 / | 老　陆 |
| 责任编辑 / | 若　耶 |
| 责任校对 / | 高晓华 |
| 经　　销 / | 新华书店 |
| 开　　本 / | 670 毫米 ×960 毫米　1/16　印张 /15　字数 /233 千字 |
| 印　　刷 / | 三河市华润印刷有限公司 |
| 版　　次 / | 2022 年 2 月第 1 版第 3 次印刷 |
| 书　　号 / | ISBN 978-7-5113-7743-2 |
| 定　　价 / | 39.00 元 |

中国华侨出版社　北京市朝阳区静安里 26 号通成达大厦 3 层　邮编：100028
法律顾问：陈鹰律师事务所
编辑部：（010）64443056　　64443979
发行部：（010）64443051　　传真：（010）64439708
网　　址：www.oveaschin.com
E-mail：oveaschin@sina.com

# 序言

在深圳的一个汽车销售大厅里，销售员李雷想将他公司最新款的汽车销售给一位顾客。李雷已经向顾客介绍了最新款汽车的所有功能和特色，顾客对汽车的各个方面都没有太大的异议，但就是没有做出最后的购买决定。顾客背着手，绕着汽车走来走去，左瞅瞅，右看看。

李雷知道顾客已经进入了购买与否的临界点，于是，他走过去，对顾客热情地说道："先生，请您进入我们这款车的驾驶室，亲自感受一下驾驶的快感吧。来，请坐在这里，您想象一下：在那仲夏的傍晚，夕阳西下，你开着这辆车驰骋在滨海大道上，左边是无尽的大海，右边是茂密的青翠的植被，微微的海风吹拂着你的头发，车里是您所喜欢的皮革的味道，同时伴随着悠扬动听的音乐。车里还有车载冰箱，里面装满了美食和饮料。车里坐着您最爱的家人，他们和您一起共享这美好的时光。如果我是您，我一定会很向往这种生活。现在正是八月，秋高气爽，何不今天就把这款爱车开回家呢？这样，明天您就可以和您的家人一起共度美好时光了。"

当李雷在讲这个故事时，顾客仿佛已经开着车行驶在深圳的滨海大道上，顾客身体内的悠然感觉被唤起，这种忽然涌现出来的对生活的热爱与激情，让他渴望尽快拥有这辆车。于是，顾客当即就将这辆车买下，开走了。

毫无疑问，李雷讲的故事起到了足球"临门一脚"的作用，促使那位还在犹豫的顾客当即做出了购买决定。

本书就是一本如何利用讲故事这种巧妙手段来促进销售的书籍。关于以讲故事的形式进行销售，有专业人士将其称作是"商场的重武器"，也有专家称作是"商海必杀技"。

在本书中，我们将与你分享销售讲故事的神奇魔力，同时，我们也将共同探讨用讲故事进行销售的各种技巧。但我们首先应该弄清楚：讲故事能给销售带来什么好处？

在销售过程中采用讲故事的方法，好处大概有以下几个方面：

故事可以帮助销售人员以更加感性的方式接近顾客的心灵，捕捉到顾客的情绪。

故事以形象、有趣的方式引起顾客对产品的关注。

故事穿越了数字、图表等销售方式中不可避免的逻辑、分析等理性思维，与顾客的思想更加接近。

相对于其他强迫式的销售方法，故事更加平和宜人，它对顾客的启迪是顾客自我思考的结果。

故事借用语言的描述，设置悬念、塑造冲突、构建形象，以情动人，比其他方式更能调动顾客参与销售的积极性，进而提升顾客的参与度和顾客的满意度。

故事以更加潜移默化的方式进入顾客的感性层面，更容易引起顾客情感的共鸣。

如果这些好处还不够，那么，现在调动你的记忆，重温一下小时候听故事的美好感觉：回想起童年在大杨树下听爷爷、奶奶讲故事的遥远往事，让那种感觉重新降临，像甘甜的泉水一样渗入到你的心田。

如果童年的往事难再追寻，那么去找一些能感动你的故事，下载到手机或IPAD里，找个时间静静地从头听一遍，感受一下听故事的感觉。相信你就会明白讲故事对于促进销售究竟有多大作用。

明白了讲故事对于销售成功的作用后，接下来想象一下：如果你将用讲故事的方式销售产品，你将为你的商品设计一个什么样的故事呢？如果你不知道如何讲故事，那么，请好好阅读本书吧。

本书从讲故事进行销售的入门讲起，如果你是一个刚进入销售行业的"菜鸟"，在这一篇里你将学到讲故事进行销售必须要讲的三种故事类型：品牌故事、产品故事、"我"的故事；当你学会了如何正确地讲述销售故事，接下来，你将学到如何利用顾客的三颗心——好奇心、同理心、利害心，来调动顾客的购买热情；最顶尖的销售人员，也就是金牌销售人员，他们无时无刻地向周围传播自己的思想、推销自己的理念，号召更多的人跟随他们共创理想家园，实现美好的愿景。销售人员要想成为这样的金牌销售，就需要更多的手段——讲述科学故事、情感故事、心理故事。

为了使抽象的道理更具有可读性，本书在写作时特别注重故事实例的引导作用，对大量的案例进行了分析，力争用简洁的语言，从故事的价值、故事的类型、故事的主题，以及讲故事的技巧、通过故事的渠道等方面对讲故事进行销售进行全方位的解说，让你在较短的时间内掌握以讲故事进行销售的真谛。

严格来讲，这并不是一本理论性和专业性很强的书，而是一本用于"实践"的书。无论写作手法还是内容安排，都强调具体、实用，希望可以摆脱空洞道理下的虚无感，而将故事的魅力充分展现出来。

不管你是一个刚进入销售行业的"菜鸟"，还是一个久经沙场的销售老手，或是已成为行业内的领军人物一样的金牌销售，只要你想让你的销售能够成功并且与顾客建立长久的联系，那就跟随本书一起开始你的故事之旅吧！

最后，本书想要告诉你的是，不管什么技巧，都是从学习和实践开始，希望你在阅读本书的同时，一边跟随本书教给你的方法练习，一边把所学习的技巧应用到你销售的实践中。如果将讲故事比作《天龙八部》里段誉的六脉神剑，那么，期望通过不断的学习、实践后，你可以随心所欲地讲故事、应用故事，在商海达到收放自如、胸有成竹的效果。这样，你的销售业绩将会像芝麻开花那样节节增高，成为顶尖销售也不是多难的事。

心动不如行动，请快快开始吧！

# 目录

## 上篇　入门篇
## 销售员必须会讲的三种故事
——品牌故事、产品故事和"我"的故事

### 第一章 · 讲好品牌故事，把消费者能动地"拉"进自己的阵营

003 … 品牌代表身份认同，讲品牌故事就是给顾客冠以身份

007 … "老字号"，讲品牌历史故事

011 … 有实力的品牌，讲品牌荣誉故事

013 … 要想顾客牢记，讲非凡的品牌故事

014 … 奢侈品牌，讲名人和名流的故事

018 … 讲品牌故事要家常化，而不是一味高端大气上档次

021 … 让领导人讲一个有关价值观的品牌故事

024 … 讲品牌故事离不开名人效应

026 … 让品牌借助社会热点，讲一个"热点故事"

029 … 口碑营销：品牌故事靠的是口碑传播力

033 … 让品牌变成人人传颂的故事

## 第二章 · 讲产品故事，制造无形的产品体验

036 … 好的产品故事就是一次绝佳的产品体验

038 … 自信是讲产品故事的第一法宝

042 … 说服力，故事的核心

045 … 把产品的"卖点"充分在故事里呈现出来

047 … 在故事中大胆暴露自己产品的缺陷

049 … 故事要突出实用性，要与产品的功能融为一体

052 … 借助肢体语言，让产品故事不再呆板

054 … 让销售道具为你的产品故事"画龙点睛"

056 … 通过软文讲故事

059 … 通过广告讲故事

061 … 有素材要讲故事，没素材创造素材也要讲故事

063 … 如何从讲述故事转到提出购买请求

## 第三章 · 讲"我"的故事，推销自己比推销产品更重要

065 … 为什么要讲"我"的故事

067 … 让客户对你放心，比让客户对产品放心更重要

071 … 讲故事之前的三项准备

075 … 卖你的外在——第一印象很重要

079 … 卖你的内在——态度、学识也很重要

081 … 故事要具有激励的力量

083 … 看准时机，让故事更有利

---

中篇　进阶篇

销售讲故事的三颗心

——好奇心、同理心、利害心

第四章　·　**好奇心：开头有悬念、过程有起伏、结局有启发**

089 … 讲故事为什么需要好奇心

091 … 流水账故事不如不讲

094 … 制造悬念，吊起消费者的胃口

097 … 把同一个故事持续地讲下去

100 … 让声音具有感染力

104 … 故事的魅力，不在多，而在于精

107 … 讲故事不是一件特别严肃的事

111 … 好故事是表演出来的

## [第五章] · 站在他的角度，讲述他自己的故事

115 ··· 观察顾客，搞明白他需要什么故事

117 ··· 活泼型顾客——讲关于梦想与目标的故事

120 ··· 完美型顾客——讲故事要提供详尽的数据和事实依据

123 ··· 力量型顾客——讲有结果的故事

126 ··· 和平型顾客——讲能带给他们安全感的故事

128 ··· 找出顾客的真正需求

132 ··· 定位目标消费群体：谁会听我们的故事

134 ··· 换位思考：如果你是他，你会怎么做

136 ··· 让顾客先讲述他的故事

139 ··· 瞄准顾客的兴趣点讲故事

144 ··· 抓住顾客的兴奋点讲故事

146 ··· 给他讲一个"软绵绵"的故事

## [第六章] · 用故事揭示利害、用实例阐明得失——以利诱人

149 ··· 利害得失是做购买决策时的首要依据

152 ··· 选对时机讲故事

154 ··· 循循善诱，水到渠成

156 ··· 创新，是能撬动顾客整体利益的最佳杠杆支点

158 ⋯ 将所有的要点都集中在一个故事里

161 ⋯ 把主题和中心思想尽快讲出来

163 ⋯ 在故事中正话反说

---
下篇 高阶篇
金牌销售才会讲的三种故事
---
——科学故事、情感故事和心理故事

## 第七章 • 以专家的身份讲述科学故事——以理服人

169 ⋯ 利用修辞"装扮"故事

172 ⋯ 让消费者既听得懂，但又不全懂

175 ⋯ 语言整合得有序

177 ⋯ 切忌啰唆，务必重点优先

180 ⋯ 要讲就要讲完整的故事

183 ⋯ 科学故事必须突出核心

185 ⋯ 设计好故事的顺序和结构

187 ⋯ 故事被顾客质疑，该怎么办

## [第八章] · 以朋友的身份讲述情感故事——以情动人

190 … 最有力的销售武器是情感

192 … 首先要与顾客建立情感连接

195 … 编辑属于自己的"故事汇"

197 … 将对生命的思考放在第一位

199 … 情节饱满，有血有肉的故事更动人

201 … 触碰心灵的故事才会被人铭记

203 … 在故事里为顾客描绘一个美妙的意境

206 … 讲一个浪漫温馨或悲伤凄美的爱情故事

## [第九章] · 以知心人的身份讲述心理故事

209 … 把握顾客心理，讲述得体故事

212 … 抓住顾客的弱点讲故事

214 … 讲一个充满正能量的故事

216 … 抓住顾客心动的瞬间讲故事

218 … 通过故事暗示顾客产品很好

221 … 怕买不到心理——给顾客讲一个"物以稀为贵"的故事

223 … 逆反心理——你不卖给他，他偏偏抢着要

224 … 使用激将法讲故事

上篇　入门篇

# 销售员必须会讲的三种故事

——品牌故事、产品故事和「我」的故事

作为刚刚加入销售团队的"菜鸟",能向顾客讲述的故事不外乎三种类型:品牌故事、产品故事、"我"的故事。这也是以讲故事促进销售的入门砖,如何讲好这三种类型的故事,是销售人员必须认真学习和进行严格训练的。

当然,迟早有一天,销售人员也可以让自己的销售故事十分精彩,首先让我们从简单而容易把握的地方开始吧!

# 第一章

## 讲好品牌故事，把消费者能动地"拉"进自己的阵营

### 品牌代表身份认同，讲品牌故事就是给顾客冠以身份

在我们的故事销售之旅开始之前，我们需要对故事销售下一个定义，以便与读者取得共同的立场。在本书中，我们将故事销售定义为：用讲故事的方式来促进销售的手段。换句话说，为了更好地促成销售行为的发生，销售人员以语言、影音等手段，向顾客讲述企业品牌的故事，达到产品或服务成功销售的目的。

在如今这个充满了各种烦冗信息和个性化需求的年代，如何成功推广产品品牌并获得消费者的好感，引起其兴趣，并非一件容易的事。品牌，很多时候只是一种感受、一种评价、一种认知、一种界定。对于企业来说，它是企业文化的结晶，更是企业整个发展史的缩影。而一个好的故事在品牌形成和推广的过程中往往能够起到画龙点睛、锦上添花的作用。一个好故事能让品牌形象鲜明、让人听了印象深刻，久久不忘。

比如，我们熟知的一些品牌故事——沃尔玛如何从一个小杂货铺发展壮大成为零售帝国；可口可乐的神秘配方；比尔·盖茨从哈佛大学辍学创办微软，等等。

从这些世界知名大品牌中，我们可略窥一二：它们之所以能盛行于世界各地，能够经久不衰，是因为它们都有一个最直接的特点，那就是"有故事"——它们都拥有属于自己品牌的故事。

通俗地说，每一个为我们所熟知的品牌都至少拥有一个故事。这些故事不尽相同，有的是品牌创始人的创业故事，有的是企业的成长故事，有的是品牌LOGO故事……但不管是什么样的故事，它都成了该品牌的身份象征，成功地将自己与其他品牌区别开来。

以北京同仁堂为例。作为国内最负盛名的老药铺，同仁堂有着300余年的悠久历史，深深地影响着几个世纪的中国人。其成立之初的故事，更是流传至今，为人津津乐道。

相传，康熙皇帝年少时曾得过一场怪病，全身长满红疹，奇痒无比。太医院的所有御医对此一筹莫展。这些症状让皇帝整日心烦气躁，不得安宁。尤其是在换季之时，更是全身瘙痒，不易安寝。

终于有一天，康熙实在不能忍受了，便决定微服出宫，一是散心，二来也为寻医。不料，康熙在某县城看到一家药铺，里面人满为患。康熙觉得一个小小的县城药铺患者竟如此之多，其郎中一定有妙手回春之术，说不定也可以治好自己的怪病。于是抱着试一试的心态，和随从走进药铺，让郎中号脉、问诊。谁知，那坐堂郎中表情平淡，诊断说此病无奇，只因山珍海味吃得太多。随后开了一剂药方，嘱咐伙计按方拿药。并说此病无大碍，用药煎水，沐浴全身，即可治愈。

康熙半信半疑，回宫后谨遵郎中吩咐如法炮制。不料三日之后，全身红疹减少，瘙痒减轻。半月之后，全身恢复如常，完全治愈。康熙十分高兴，后来又专门去了该小药铺一趟，亲自御笔，写下"同修仁德，济世养生"8个大字，以示嘉奖。不仅如此，康熙皇帝还命人送给郎中一座大白石质药堂，上刻"同仁堂"三个大字。

从此以后，无名郎中为康熙治好怪病的故事广为流传，"同仁堂"也随之成为闻名中外的一个响当当的金字招牌。

从同仁堂的例子中，我们可以看到，一个品牌，如果想要打造出知名度，不仅需要高品质的产品，还需要一个能够被迅速接受的品牌故事。尤其是在产品同质化愈演愈烈的今天，如何借助一个好故事来凸显品牌的定位，向消费者传达自身的服务理念,是销售环节中一项十分重要的工作。

所以,想让品牌进入消费者的视野,走入人们的内心,就需要借助故事的力量。或者是名人、专家与品牌有关的影响力故事,或者是以品牌创始人为主人公的励志创业故事,或者是品牌发展过程中的传奇故事……这种生动化的品牌塑造更能够给消费者留下直接、持久、一致的品牌印象,给顾客冠以身份的象征。

那么,为何一个小小的故事就能给顾客冠以身份的象征,让消费者心甘情愿地"从一而终"呢?可以从以下两点说明。

**第一,构筑与消费者的情感桥梁**

凡是精彩的故事总是很容易被记住的。而品牌故事,往往就充当了消费者与企业之间最为直接的"桥梁"。正是在对故事背后的精神内涵的体会、感动之后,消费者与企业品牌所表达的理念产生了情感上的共鸣,继而产生要进一步了解品牌及其产品的欲望,从而产生强烈的购买欲。

但这并不代表品牌故事就等同于一般的广告。品牌故事非常注重与消费者之间构筑成功的情感传递,这种情感传递需要消费者自身的联想、想象与共鸣才能构成整体,它更多的是情感或心理上的认可,并且具有抽象、多样的特点。相比较之下,一般性的广告则通过视觉或听觉冲击使得消费者在短时期内记住品牌,而无法完成对品牌的深刻理解或深刻体验。所以,广告也无法保持消费者对品牌的认可度和忠诚度。

**第二,引起消费者内心的共鸣**

一个完整的销售过程是这样的:首先吸引消费者的注意,然后激发消费者的购买欲望,最后使消费者信任自己的产品,从而认可该品牌。而要想被认可,就必须触动消费者心中的某个柔软的地方,这样才能引发其内心的共鸣。

故事恰恰可以通过打亲情牌、友情牌、爱情牌、励志牌、文化牌等,将产品的价值转化为令人感动、使人激励的符号,升华消费者的情感,使产品真正贴近大众。

没有什么比"讲故事"能更好地将产品的内涵体现为感动人心的符号,

强烈地吸引消费者的了。例如，2011年年底，百事可乐推出了一部名为《把乐带回家》的微电影，该电影讲述了这样一个故事：

由张国立饰演的父亲，在辛苦劳累一年之后，本应在热闹、温馨的除夕夜和家人们在一起，好好地享受天伦之乐。但是他的三个儿女（分别由周迅、张韶涵和罗志祥饰演）却纷纷打电话给家里，告诉父亲说自己或者因为工作或者因为约会而不能回家。父亲虽然满口回应说没关系，但自己一个人在一桌子丰盛的酒菜前自斟自酌，充满了冷清、孤单的气氛。

正当父亲一个人喝酒倍感伤心的时候，由古天乐饰演的神秘人，为了报答这位曾经帮助过自己的父亲，便施展"魔法"，将此时父亲怀念的童年时期的儿女的生活片段引发到长大了的儿女们的身上，勾起三个儿女共同的回家冲动。最终，三个儿女都回来了，和父亲一起快快乐乐地过春节。

这则看似毫无新意的广告片使全国无数观众热泪盈眶，"回家"是所有人心中共同的泪点。不到一周的时间，该广告片在网上已有了几千万的点击量。百事可乐能够取得成功的关键原因，就在于它讲述的这个故事充分地抓住了消费者内心的共鸣点：对于背井离乡、身处都市的人们来说，回家是一种奢望。而《把乐带回家》片尾的"我们已经在回家的路上了，你呢"的字样也更为直接地触动了消费者的泪点和痛点。

从上述的两点可以看出，具有感染力的故事能够成为品牌营销的得力助手。任何品牌，都需要发现或找到体现自身价值的故事。对于企业来说，赋予一个品牌适当的故事，就等于给这个品牌平添了一双腾飞的翅膀。品牌其实就是一种身份认同，讲品牌故事就是给顾客冠以身份。

如今，随着消费能力的提升和消费观念的转变，现在的消费者已经不再愿意被动地接受直接的推销行为，转而追求有个性、有内涵的方式。因此，不管你把产品的功能夸得天花乱坠，如果不能打动消费者，就难以打开消费者的钱包。产品推销的时代已经过去了，故事营销的时代已拉开帷幕。人们越来越青睐于品牌的各种故事。

那么，从现在开始，为你的销售开启故事之旅吧。

## "老字号"，讲品牌历史故事

在阅读本节前，首先让我们在脑海里回想一下：在你的印象里，有没有哪个老字号品牌曾经惊艳你的记忆？它或许是一段温暖光滑的面料，或许是一盒清香扑鼻的香膏，或许是一服苦口利病的草药，或许是一口难以忘怀的美味……时过境迁之后，如今的你是否依然对这些"老字号"喜爱依旧？体会那个老字号的价值与意义，与当年已不可同日而语。然而你又是否认真思考过，所谓的"老字号"品牌，其背后究竟有着何等的深意？

一些品牌在发展的过程中不仅让人们的生活变得更美好，与这些品牌有关的真实故事，也为品牌的历史厚度和美誉度添上了浓墨重彩的一笔，让品牌变得更加迷人、更有说服力。这些品牌在一定的历史背景的衬托下，以其特殊的信仰影响着消费者的消费观。这就是所谓的"老字号"品牌。

提起"中华老字号"，广为人知的当属鹤年堂。鹤年堂是一个有着近600年历史背景的中医养生品牌。1450年，中国第一家养生馆鹤年堂在今天的北京西城区菜市口大街成立了。鹤年堂药业绝对是民族企业中的佼佼者，在这风风雨雨的近600年时间里，鹤年堂经历了4个家族17代人的传承。经受住了其他中西药企业的激烈竞争，至今仍然是很多消费者的首选，其在消费者心目中的良好形象可见一斑。鹤年堂的品牌销售背后究竟有什么成功之道呢？下面，我们一起来看两则有关鹤年堂的品牌故事。

**故事一：抗击倭寇**

明朝民族英雄戚继光在东南沿海率领他的"戚家军"奋力抗击倭寇，打击敌人，保家卫国。回到京城他最先拜会的就是鹤年堂。原来在战争中，戚家军有很多士兵受伤，鹤年堂为"戚家军"无偿送了不少药品，除了刀伤药、避瘟药之外，还有很珍贵的保命丹等急救药。戚继光从心底里感激鹤年堂。

戚继光多次登门致谢鹤年堂，还写下"调元气""养太和"的匾额送给鹤年堂。后来，戚继光又为鹤年堂题写楹联"拮披赤箭青芝品，制式灵枢玉版篇"。至今该楹联还悬挂在鹤年堂的正堂之上。

**故事二：治病救人，遍访名士**

丁鹤年是鹤年堂的创始人。他出身名门望族，从小就接触医学。他身处乱世，立志不当官，只做一个救死扶伤的大夫。于是他云游四海，访遍名士，治病救人，他的养生之术更是无人能及。

丁鹤年不仅精通医术，在诗词歌赋方面也有一定的造诣，是一位诗人，著有作品《丁鹤年集》。丁鹤年令人赞叹的不只是他具有救死扶伤的无私精神，他还是一个大孝子。在73岁时，他把家业全部交给儿子，独自一人回到家乡，为母亲守灵17年，直到90岁去世。

通过上面两个故事，我们发现，鹤年堂在讲述自己的品牌故事时，并不是单纯讲述一些治病救人、救死扶伤的故事，而是选择了传统美德、民族大义来作为主题，更加真实和动人。空谈历史是苍白、空洞的，如果只谈鹤年堂具有近600年历史，是个"老字号"，就很难让消费者从心底里认同；而点出真实的历史人物与鹤年堂的关系，整个故事才更加丰满和厚重。顾客更容易被这样的故事所折服。事实胜于雄辩，把真实的历史故事运用到销售中，会比虚构故事取得更好的效果。这些日积月累的品牌精神遗产，使鹤年堂这个中华老字号获得了顽强的生命力，也获得了世人的尊崇。

除了上述这两个故事，鹤年堂当然还有一些精彩的耐人寻味的故事。这些故事累积在一起，会集成了一部浑厚、宏大的鹤年堂品牌史。

纵看如今的"老字号"，每一个品牌都会有光辉的过去，悠久的历史就是故事销售最好的背景。

作为销售人员，我们在为企业打造形象、销售产品时，是不是应该为品牌的光荣历史感到骄傲，是不是认为自己有义务向每一位顾客讲述品牌背后厚重的历史积淀？讲故事究竟要讲什么？当我们面对众多顾客时，他们最想听什么样的故事？或者说，到底什么样的故事才能激起顾客的强烈共鸣？是企业对顾客做出的郑重承诺？不是！是企业产品的优异性能和超越其他同类品牌的绝对优势？也不是！面对那些陌生的品牌，顾客最想听的故事就是，你这个牌子是怎么来的。

讲品牌历史故事并不是一种简单的营销策略或营销工具。它可以丰富企业的文化，让营销有血有肉，能够给消费者以充分的想象空间。那种从历史故事中散发出来的文化气息与非凡气度，能够让消费者受到文化的熏陶，进而拉近其与企业之间的心理距离。这种潜移默化的影响力，是多少广告都无法替代的。简单来说，对顾客讲品牌历史故事的好处主要表现在以下三个方面：

一、扩大产品的市场信誉；

二、彰显产品的历史积淀；

三、提升产品的文化价值。

说到这里，很多销售人员会认为，符合"老字号"要求的品牌太少了，有的企业品牌才10多年的发展时间，根本没有多少历史故事可讲。这种担忧没有必要。"历史"指的仅仅是时间长度而不是时间跨度，不能因某个品牌是改革开放后才建立起来的，我们就认定这个品牌没有历史。只要能够立足于市场，那么它就一定有自己的历史故事可以挖掘。

一个优秀的品牌，它必然有可挖掘的历史故事。无论其历史多么短，其中肯定会有能够让人眼前为之一亮的闪光点。我们在向顾客讲品牌历史故事时，需要把握住几个关键因素：

**第一，历史不可篡改，历史中的故事必须要和现在的品牌有直接联系**

在向顾客讲述品牌历史故事时，我们可以适当加一些合理的想象进去。但是，必须以史实为基础，不可随意篡改。否则，不仅不能起到加深品牌历史文化内涵的效果，反而还会给人以轻浮、不负责任的感觉。

品牌的历史代表的是这个品牌安身立命的根源，但如果那段历史跟当前的品牌毫无关系，顾客凭什么相信这就是它真实的过去，就像那些总要给自己嫁接"洋祖宗"的品牌一样，终究会遭到顾客的唾弃。

**第二，避免讲地球人都知道的历史故事**

我国是一个有着悠久历史的国家，大家也都非常喜欢读历史故事，随便哪个人都能讲出一两个历史故事来。所以，销售人员在向顾客讲品牌历史故事的时候，最好不要选取那些地球人都知道的历史，而要尽量选择那些人们不太熟悉、鲜为人知的故事，这样才会有新鲜感。

**第三，品牌历史故事只是销售的一个跳板**

销售人员讲品牌历史故事的目的在于服务于销售。单纯地讲述一个品牌历史故事，就算讲得再完美，不能达到销售产品的目的，也是没有任何意义的。所以，这就提醒所有想要用品牌历史故事来展开销售的人，对历史故事一定要有所选择。销售人员可以从以下两个方面来选择品牌历史故事：

1.选择跟品牌产品密切相关的历史故事。一个品牌如果有着源远流长的历史的话，就有了深厚的历史文化内涵，其产品品质就等于上升了一个档次，可以给人一种踏实可信的感觉。

2.选择跟消费者密切相关的历史故事。如果某位被大家熟知的人物是该品牌的顾客的话，我们可以挖掘他跟品牌的历史故事。比如，他是在什么情境下购买的该品牌产品，使用效果怎样，给予了什么样的评价等。

**第四，没有什么历史的品牌，其创业经历就是历史**

不要担心找不到故事，不要认为自己所销售的品牌没有资历。我们向顾客讲品牌历史故事是建立在它过去的基础上的，还有什么能比一个品牌的诞生和经过更有意义呢？

选择了正确的品牌历史故事之后，也就等于为产品选择了一个良好的跳板。借助这个跳板，产品就可以获得更大的市场影响力。

面对竞争如此激烈的市场，企业需要为自己的品牌打响知名度，我们销售人员就非常有必要告诉所有的顾客一个事实，一个有关品牌的历史道路：是的，我们有这个实力，因为我们是一家有着悠久历史的品牌，我们曾是诞生于某朝某代的老字号，我们就是一尊历史的活化石。在市场经济高度发展的今天，我们不但没有掉队，而且还迎头赶上，并最终超越我们的前辈，成为又一个历史高度的创造者……这就是我们的故事，请记住我们的名字。

## 有实力的品牌，讲品牌荣誉故事

在本节的开头，问大家一个问题：对于一个品牌来说，荣誉是什么？

相信每个人对这个问题都会有不同的答案。那么，我们就闲话少说，在这里，先向大家普及一下何谓品牌荣誉。品牌荣誉，就是市场和消费者对品牌的认可和赞许。一个品牌的荣誉，与其所拥有的实力与担当密不可分。

为了保护这个荣誉，企业有时甚至可以舍弃巨额利润。因为每一份荣誉代表着企业及旗下品牌的内在价值，是难以估量的无形资产。而如果想要让顾客同样看重品牌的荣誉而不是仅仅关注企业的资历和规模，就需要销售人员把这些故事成功地讲出去。

对于荣誉，我们常常有一个狭隘的认识：荣誉是外人赋予的。这句话对也不对。如果只有旁人的赞扬可以算是荣誉，那么企业员工自身通过努力获得的交口称赞难道是虚假的、就要被作废吗？现在流行一句话"企业以员工为荣，员工为企业争光"，意思就是只要是荣誉就同属于企业和员工。这句话为立足品牌荣誉的故事销售带来了新的思路：用品牌荣誉故事去感染消费者。

有了这个基本策略，我们就知道如何去向顾客讲品牌荣誉故事了。

一个品牌在电视上或被大众熟知的场合下获得荣誉，自然有媒体去作宣传，我们不需要向顾客讲这些荣誉故事，因为顾客对待这些报道的态度与看新闻或八卦无异。作为销售人员，我们向顾客讲品牌荣誉故事时，应该注重的是那些没有机会在公共媒体上出现的事件。比如，让顾客称赞喜欢的企业客服、某位员工的光荣事迹，还有那些能激起顾客崇敬心理的各种故事。说到这里，很多人会认为这些不是品牌荣誉故事。其实不然，这些就是品牌荣誉故事，因为真正的荣誉永远来自作为"上帝"的消费者。下面的联邦快递企业向顾客讲述的品牌荣誉故事就是一个非常好的例子。

美国联邦快递公司，有一位名叫吉姆斯·布什的快递员，他的派送范围在夏威夷。一天，吉姆斯开着货车去派送一件加急快件。在路上时，狂风大作，把车上的拦绳吹断，把包裹吹到了海里。吉姆斯发现后，毫不犹豫地跳进刺骨的海水里把包裹捞了出来，并换上了新的包装。为了不让包裹再次被吹进海里，吉姆斯把包裹抱在怀里，在大风中加速行驶，终于按时把包裹送到了收件人的手里。

当吉姆斯的故事被联邦公司的领导知道后，他们认为这位不顾个人安危、一心抢救包裹的员工是大家学习的榜样，是公司真正的财富。于是，他们在公司内部大力宣扬吉姆斯的故事，并特别要求销售人员把这个故事讲给顾客听。一段时间后，这个故事传到了许多顾客和公司客户的耳朵里，大家对联邦快递能有这样的员工赞许不已，并对联邦公司的服务质量彻底放了心。

这就是品牌荣誉故事，没有奖状，没有赏金，只有那位快递员传递出来的服务精神。但对于销售人员来说，这就是品牌真正的荣誉，比评级机构的认证还要金贵的荣誉。这样的品牌荣誉故事也更容易被顾客认可，因为它是如此的真实。

荣誉好比是一张名片，上面载满了品牌所有的故事，并以一个完全客观的方式左右顾客的心理。一个品牌的荣誉建立起来非常不容易，所以作为销售人员的我们在向顾客讲述品牌荣誉故事时，要用从心底萌生出的敬意向顾客述说，而不只是把它当作一种笼络顾客的销售工具。

从此刻开始，想象一下，你所销售的商品品牌有哪些荣誉故事，不要犹豫，赶快设计这些荣誉故事并向你的顾客讲出来吧！

## 要想顾客牢记，讲非凡的品牌故事

著名的商业案例数不胜数，一直被营销学家、经济学家津津乐道的可口可乐，不知道被宣扬了多少次。据资料统计，全球平均每天要喝掉 2 亿瓶可口可乐，在这么多品牌里，可口可乐是唯一一个不需要创新就通向成功的品牌。

在可口可乐商业传奇的背后，有什么不为人知的秘密呢？这个秘密就藏在一个著名银行的保险柜里，那并不是一个普通的保险柜，里面放着的是著名的"7X 商品"。接下来，我们就来看看这个不凡的故事。

1886 年 5 月 8 日，可口可乐公司的药剂师 Dr.John 在工作时，不小心将一种药剂和苏打水混合在了一起。当他闻到这两种液体混合在一起的气味后，用舌头尝试性地尝了一下，觉得很有特点。后来这种口味有点奇怪的饮料就成了市场上的宠儿。

当可口可乐决定把这种饮料推向市场时，其没有像传统的做法那样搞推销，而是给消费者讲了一个故事。这个故事是这样的：

这种饮料的配方"7X 商品"被锁在了银行的保险柜里，除了 Dr.John 以外，任何人都不能观看。

关于什么是"7X 商品"？听起来，就好像某一部美国大片的名字，是超级特工，还是秘密计划？这个关于可口可乐的非凡故事开始流传。就像《达·芬奇密码》中的圣杯令人遐想，保险柜里的秘方也赋予了可口可乐神秘的气质。其实，人们不是单单喜欢可口可乐饮料本身，而且深深被它背后那非凡的故事所吸引。

一个人的一生会经历很多事情，这么多事情，我们不可能件件都记得那么清晰，我们只会记得那些非凡的事情。销售讲故事也是一样，不要讲那些陈词滥调，老生常谈的话题人们早就厌倦了；要讲，就要讲能给人留下深刻印象的故事。

当然，我们想要讲好非凡的品牌故事，也有一些技巧：

**第一，给故事起一个非凡的标题**

良好的开端就是成功的一半。夸张点说，一鸣惊人的标题，能让故事成功一半。

**第二，给故事想一个非凡的结局**

有这样一句话："我猜中了开头，却没猜中结局。"

可口可乐公司或许应该感到欣慰，因为它的品牌故事太成功了，以至于消费者们根本就不在乎故事的真假了，保险柜里是否有"7X 商品"，已经不重要，重要的是消费者在享受这个消费的过程。听上去非凡的故事，能产生神奇的销售力量。

这个世界就是这么"冷酷"，没有人喜欢多瞧"普通"一眼。想要博得人们的眼球就要提供非凡的故事，这样你才有可能获得最后的成功。

## 奢侈品牌，讲名人和名流的故事

如果你翻看世界奢侈品史，就会惊奇地发现，每一个品牌背后都隐藏着品牌与名人那些不得不说的往事。

是的，就像大家所熟知的那样，打开皇室的珠宝箱，总能看到卡地亚那熟悉的标志。对于许多珠宝品牌而言，将产品与名人挂钩，是构建品牌故事的重要思路。卡地亚在这方面更是下足了功夫。下面我们一起来看一下卡地亚珠宝是如何讲述品牌故事的。

卡地亚珠宝一直在向消费者讲述英国已故王妃戴安娜、以优雅高贵著称的肯尼迪夫人、摩纳哥的格蕾丝王妃……贵族、名人们用他们的珠宝的故事。英国皇室曾向卡地亚订购几十顶皇冠作加冕之用，此外，西班牙、葡萄牙、罗马尼亚、埃及、法国奥尔良王子家族、摩洛哥王子及阿尔巴尼亚的皇室亦委任卡地亚为皇家首饰商。因此，卡地亚被称为"皇帝的珠宝商，珠宝商的皇帝"。除此之外，卡地亚珠宝还向消费者讲述了一个流传至今的故事。这个故事是这样的：

1955年，奥斯卡影后格蕾丝在戛纳电影节时遇到摩纳哥王子雷尼尔，第二年她便成了摩纳哥王妃。他们轰动全球的世纪婚礼于1956年4月19日在好莱坞举行。停泊在港口里的所有战舰，礼炮齐鸣，以示庆贺。格蕾丝身披乳白色的横绫缎长袍，头戴镶有三颗名贵圆形红宝石的价值连城的卡地亚皇冠和镶满钻石的卡地亚项链步入教堂，当王子用一枚卡地亚订婚钻戒印证童话式婚礼的完美时，格蕾丝流下了幸福的泪水。

卡地亚珠宝见证了这对情侣的爱情旅程。不爱江山爱美人的故事听说了千千万万，谁都想拥有这样的爱情，可是又都觉得这像个童话。当卡地亚用订单告诉你这一切是多么的真实时，闻者无不百感交集，同时对卡地亚神往之。从此以后，卡地亚的珠宝逐渐成了成熟、高贵女性的首选。故事中的摩纳哥王妃也造就了一个新的"传奇"。

事实上，回顾整个卡地亚的历史可以发现，几乎在每个时代，它都不忘讲述与名流之间的故事。上百年来，卡地亚见证了太多贵族、名流们的美好爱情，并成为他们童话式爱情的见证。要知道，在任何时候，作为舆论与时尚领袖的名流们，其言行穿戴都会被众多人所效仿。所以，卡地亚出现在名流们的爱情里，等于在无声地向世人宣告：拥有卡地亚就拥有这样的爱情！

从卡地亚的例子可以看出，品牌需要故事，就像一个有魅力的人需要传奇经历一样，而作为奢侈品牌，抓住名人及名流讲故事，会收到事半功倍的效果。

那么，奢侈品牌应该如何利用名人和名流讲故事呢？反过来说，在讲品牌和名流的故事时，有什么技巧？

### 1. 即使是讲名人故事，也要以情动人

相较生硬的大道理，故事更容易契合人们的心灵，并促成传播的成功。这也可以理解，为什么知名品牌在选择讲故事时，会不约而同地想到以情动人，即使是奢侈品在讲述与名流的故事时，选择的也必是那些能拨动人们心弦的情感，例如奥斯卡影后格蕾丝和摩纳哥王子雷尼尔之间坚贞不渝的爱情。

### 2. 塑造感性的形象

塑造感性的形象，这是让品牌故事具有感染力的重要方法。所有的故事都要以"讲"为主，这决定了我们在对品牌形象的维护上，要精心编辑故事和设计情节，适当地渲染气氛，这样才能达到理想的传播效果。

### 3. 选择与品牌相符的名人或名流作为品牌代言人

为了达到理想的传播效果，奢侈品品牌应选择有故事、气质与自身品牌相符的名流作为代言人。正如卡地亚选择了摩纳哥王妃格蕾丝·凯莉，选择了温莎公爵夫人，这样有力量、有气势的贵族或明星是这一品牌的完美代表。

世界上的奢侈品牌有很多，不是只有卡地亚通过讲名流的故事来销售。高端手表品牌路易·宝玑的品牌故事也与名流紧密相关。下面我们来看看宝玑是如何讲述名流故事的。

宝玑与欧洲皇室名流之间一直颇有渊源，它是法国玛丽皇后、拿破仑、约瑟芬皇后、沙皇亚历山大一世、英国维多利亚女王、英国首相丘吉尔、普鲁士皇帝威廉一世等王公贵族的心头好，也是巴尔扎克、普希金等世界文学大家在作品中所津津乐道的对象。在宝玑向人们讲述的名流故事里，有这样一个故事尤其值得关注：

一天清晨，一批客人隆重到访宝玑的作坊。其中一位衣着奢华的美丽女人，以第一位贵宾的身份，直接向宝玑订购了一块自动上弦的万年历怀表。这位贵妇便是著名的法国玛丽皇后。她出手阔绰，此后又陆续收集了多款宝玑珍品，是宝玑忠实的拥趸。路易·宝玑还曾接受玛丽皇后的爱慕

者的预订，耗时几十年制造出一枚"玛丽·安托瓦内特怀表"。这只怀表融合了当时最复杂技术之精华，具备万年历、天文时差、三问报时和动力储存等诸多功能。

除玛丽皇后以外，宝玑还讲了一个和拿破仑有关的故事。

在拿破仑出征前往埃及的前一个月，也就是1798年4月，拿破仑从宝玑店里购买了三样产品。这三样产品分别是：一块带温度稳定擒纵系统的打簧怀表、一只带日历的打簧旅行钟、一款自动上链打簧表。拿破仑为什么会这么喜欢宝玑手表呢？是因为当时的他正处于事业的最高峰，希望有一款名表可以彰显出他非凡的地位，同时宝玑手表的结实耐用也可以让他把手表带上战场。其中一款手表的定时器功能还为他在埃及一战中立下功劳。所以，拿破仑成了宝玑手表最忠实的顾客，他几乎每年都要购买一款宝玑手表。就连他送给妻子的定情信物也是一款宝玑手表。

现在，当我们再来阅读宝玑的这些品牌故事时，不禁感慨良多。对于宝玑品牌来说，最吸引顾客的不是它的手表有多么漂亮、性能一应俱全，而是与宝玑手表有关的名流故事，这些故事与宝玑品牌相互辉映，将彼此衬托得更光彩。

由此可见，奢侈品背后的故事，如果能与名人相关，是最能衬托其价值，也最具有诱惑力的。怎样能将奢侈品与名人搭上线，并营造出打动人心的故事氛围，是奢侈品营销成败的关键，也是本节的主要内容。

相信你读到这里时，心里已有了适合你所销售的产品品牌的"贵族"人选，那么，就把他"请"进你的故事中吧！

## 讲品牌故事要家常化，而不是一味高端大气上档次

一个品牌，无论是高端大气上档次，还是低调奢华有内涵，或是路边地摊接地气，都需要对自己的品牌故事有一个合适的定位。有的故事虽然场面宏大、意义深远，但是普通消费者根本理解不了其中的内涵；有些故事虽然没有大道理、大投资，但是却贴近生活，受到很多消费者的欢迎。

很多人对"讲述老百姓自己的故事"这句话非常熟悉，这是《百姓故事》的栏目定位，也是这个节目备受欢迎的最主要原因。《爱情公寓》这部电视剧相信年轻人都不陌生，大家都非常喜欢这部贴近年轻人生活的情景喜剧。俗话说："高处不胜寒"，大多数人喜欢吃大排档、酸辣土豆丝之类的家常菜，可见越是贴近生活，越是受欢迎。

用最朴素的语言、最家常的画面来表达人人皆有的情思，这是放之四海而皆准的道理。其实，即使是奢侈品也会使用家常故事来打动人心。

以百达翡丽为例子。虽然它的客户贵如女王、显如王子，但它在讲述自己品牌故事的广告中，反而采用的是普通人。家人相守对于受众而言，比奢华的场景更能拨动心弦。在这些相守的过程中，人们可以忘却时间，而这也正好完美地演绎了腕表与时间的永恒主题。

在众多的广告中，无论是奢侈品还是普通品牌，它们都不约而同地选择了平民化。对于大众来说，奢侈品不会天天消费，但是普通品牌的消费量却是奢侈品的许多倍。为了取得好的销售效果，它们都选择了走家常故事的路线。

对于一个企业、一个品牌来说，创业故事、战略故事等对于普通消费者来说，有些过于正式，像是一部关于企业的科教片，自夸的嫌疑比较大。而家常化的故事带有一定的生活气息，是从某一个侧面或角度来做介绍，

这样大家比较容易接受。

下面我们一起来欣赏一下，李嘉诚在全国知名大学和管理大会上所讲的故事。

李嘉诚，相信大家对这个名字都不陌生。但是李嘉诚小时候生活非常艰苦，放学后还要去捡煤屑。抗日战争爆发后，李嘉诚一家人背井离乡，到香港避难。才上了几个月中学的李嘉诚便辍学了。

李嘉诚是家中的长子，所以他要肩负的家庭责任更多。后来一位茶楼老板看他们可怜，就收留了小嘉城，让他当了一个小跑堂。

从此，李嘉诚开始了艰辛的生活，每天要上十几个小时的班。这对一个孩子来说太辛苦了。李嘉诚也抱怨过生活的艰难，但是为了家人，他挺了过来。

有一天，他太疲倦了，一不小心把一壶开水洒在地上，弄湿了客人的衣裤。当时他很紧张，等着被老板训斥。没想到那位客人不仅没有让老板开除他，反而为他说情。这件事情让李嘉诚非常难忘。多年以后，每当李嘉诚想起这件事情，不禁感慨："如果我能找到那位客人，一定要好好报答他。"他还说："这件事情对我来说也是一个教训，是对我做事不认真的一个警醒。父亲曾多次告诫我，要做男子汉，就要'失意不能灰心，得意不能忘形'。顶天立地的男子汉，第一是要能吃苦，第二是要会吃苦。"李嘉诚在茶楼一干就是两年。

他从来没后悔过在茶楼里做那么久杂工。他说，茶楼里鱼龙混杂，什么样的人都有，什么样的事情都会发生。时间长了，他练就了火眼金睛，一个人是做什么的，年纪多大，性格如何，一见面就能猜个八九不离十。同时也知道了如何跟这些人相处。虽然李嘉诚没读过多少书，但是在茶楼里练出来的"看人"本领，让他受用一生。

李嘉诚之所以会把自己在茶楼打工的故事讲给人们听，是因为人们对这样贴近生活的故事并不陌生，没有距离感。这样就可以使消费者们先从某一个侧面了解品牌，进而接受品牌、喜欢品牌、选择品牌。

如果我们将故事比成一道宴席，那么名人的故事就像是醇香的陈酿、丰盛的宴席，而家常故事就像是家常饭菜，醇香的陈酿、丰盛的宴席固然吸引人，但家常的饭菜更是人们离不开的必需品。

在销售中，我们往往要和客户面对面交流，有时候甚至要直接面对终端消费者。这时候，讲品牌故事就需要注意方式。对于业内人士，我们需要使用相关术语，以体现专业度。但对一般消费者来说，他们往往对产品的设计原理、材料构成等一知半解。在讲品牌故事的时候，要注意讲故事的方式，不仅要讲家常故事，讲述的方式也要家常化。这样娓娓道来，才能保证我们的故事讲得出、记得住、传得开。

2011年年底，百事可乐和可口可乐同时利用微电影给大家讲故事，微电影在网络上引起了非常大的反响。这也让许多品牌知道，把品牌故事家常化，是一个非常有效的宣传方式。

不知道你看完前面讲过的《把乐带回家》这个微电影时，有没有泪流满面？这个微电影让全国大多数观众的眼里都带有泪花。如今是个快节奏的时代，为了生活和事业，很多人即使春节都不能回家陪父母。《把乐带回家》所讲述的故事，抓住了人们的情感共鸣，让故事和品牌一起深入人心。

为什么家常故事会有这样的魅力？原因就在于从家常故事中，我们可以更多地看到自己的经历或情感，不知不觉将自己代入故事里。2000多年前，古希腊人在阿波罗神庙上刻了一句箴言：认识你自己。这就是家常故事的原理。直到今天，人们在认识自我的时候也会因此而受到心理暗示，心理学上将这种现象称为"巴纳姆效应"，即将其他人的行为作为自己行动的参照。

那么，什么样的家常故事可以称为好故事呢？这种类型的好故事一般有如下的共性：

首先，在故事里最好能提供解决问题的建议。比如在一些家庭调解类的节目中，除了还原事件的来龙去脉，还要提供一些解决问题的方法。

其次，故事一定要常见，就像《把乐带回家》就选取了非常接地气的家庭故事。

为什么这个微电影的吸引力这么大呢？当看到老父亲独自面对一桌菜喝闷酒时，我们是否也想起了独自在家生活的父母？当看到忙于工作不能回家的儿子时，我们是否也会想到自己有多久没回家探望过家人了？当看到两个女儿各顾各的生活而放弃老父亲的团圆期望时，我们是否也反思过自己此前没能照顾好父母？看到这些情节的时候，我们都能从中找到自己的影子。

品牌故事家常化正是利用"巴纳姆效应"，将情感的共鸣移至品牌，从而促进购买。

回过来看上面百事可乐品牌所选择的家常故事，合上书想一想，为什么它能够获得成功？强大的情感魅力使广告乃至产品俘虏了众多消费者的心，这样的品牌故事没有台词，不必推销，就能无形中促进购买。家常故事里的情感营销跨越了常规营销手段，直接让受众产生了更高的情感波动并引发共鸣，也因此给企业带来更好的效益。

柴米油盐酱醋茶，在小人物的生活细节里，其实也有大智慧。能够发现并讲出这样的品牌故事，便是销售中的有力武器。

## 让领导人讲一个有关价值观的品牌故事

乔布斯，一个被全世界熟知的人物。在他执掌苹果公司后，通过创新让"苹果"大放光芒。对于如何创新，他强调了七大原则。其中第七条就是故事——没有故事就没有流传，企业必须要学会编故事、讲故事、卖故事。

乔布斯本人就是一个传奇，更是一位世界顶尖的讲故事高手。他曾经在2005年斯坦福大学毕业典礼上做了一场名为《我生命中的三个故事》的演讲。其中，第二个就是关于他被公司解雇前后的故事。下面，我们一起来欣赏一下这个故事。

乔布斯在 20 岁的时候就和沃兹尼亚克在其父母的车库里开创了苹果公司。他们用了 10 年的时间，将公司从只有两个穷光蛋发展到了雇员超过 4000 人、价值超过 20 亿美元的大公司。

在公司成立的第九年，他们刚刚发布了最好的产品，那就是苹果机。乔布斯也快 30 岁了。但就在那一年，乔布斯被炒了鱿鱼。起因是乔布斯雇用了约翰·斯卡利出任苹果的 CEO（首席执行官）。最初的几年，公司运转良好。但后来，他们对未来的看法发生了分歧，最终吵了起来。而董事会站在了约翰·斯卡利那一边。因此，乔布斯被炒了鱿鱼。

离开苹果的最初几个月，乔布斯无所事事，不知所措，没有了一丝一毫的创业激情，甚至想逃离硅谷。但渐渐地，他发现了曙光：他仍然喜爱自己从事的事业。乔布斯决定从头再来。

在接下来的 5 年里，乔布斯创立了 NeXT 和皮克斯两家公司，还认识了一个女孩劳伦斯，并与之结了婚。皮克斯制作了世界上第一部用电脑制作的动画电影《玩具总动员》，现在已经成了世界上最成功的电脑制作工作室之一。后来，苹果公司收购了 NeXT，乔布斯又回到了苹果公司。乔布斯在 NeXT 研发的技术在苹果公司的复兴之中发挥了关键作用。

乔布斯在讲这个故事时，并没有停留在单纯讲故事的层面，而是对被解雇事件做了深入的思考。

通过这个故事，乔布斯为一群即将踏入社会、身处职业彷徨期的毕业生提供了指引，为避免他们掉入"畏惧失去"这个陷阱提供了思考的力量。成功人士的成功绝非偶然。乔布斯所讲的故事以及其中的感悟不只是针对那些毕业生，对于我们每个人来说，同样是珍贵的人生指南，让我们受益匪浅。

会讲故事的高手，不止乔布斯。奥巴马、比尔·盖茨、稻盛和夫等都非常擅长通过故事传递个人或企业的价值观。在中国，也有擅长讲故事的企业家，曾任联想集团董事长的柳传志便是其中之一。他曾讲过一句话，大致意思是：一个领导最重要的能力之一，是能不能讲好故事，而不是只讲一些大道理。

2010年4月初，联想集团在全球各大区开展了"文化日"启动活动。为了这个活动，柳传志认真准备了自己的发言。对于联想来说，这不仅仅是把信息和信心传递给跨语言、跨文化的各国员工的问题，更重要的是，这是一次联想形象在全球范围内的传播。

最终，柳传志选择了一种"含情脉脉"的演讲方式——讲故事。柳传志是如何讲故事的呢？

柳传志准备了5组照片，向不同肤色、不同语言的人们讲述发生在中国的故事。

第一组照片是联想在1989年办的养猪场。柳传志讲道：当时中国物价上涨得厉害。为了让员工们吃上肉，联想公司拿出10万元办了一个养猪场；

第二组照片是著名的"联想72家房客"；

第三组照片是联想上市之后，公司的大多数员工都获得了收益，买了车和房子；

第四组照片是联想退休员工的待遇情况；

第五组照片是柳传志最看重的，联想的高管团队。

对于最后一组照片，柳传志讲道：联想之所以有今天这样的辉煌，都是源于这支高管团队。我们是一个以人为本的企业，注重培养自己的人才。而不是像有些企业，需要用人才的时候给出的资金非常高，一旦不用了立刻解雇。

柳传志通过五组照片、五个故事向人们讲述联想企业发展的故事，同时也传送了联想企业的核心价值观——"以人为本。"作为联想企业的领导人，柳传志最重要的一项工作就是：传播以人为本的核心价值观。对此，他通过上述故事达到了这个效果。

卖产品不如卖品牌，卖品牌不如讲故事。任何一家企业能够生存并且得到很好的发展，都与其创业和经营立意分不开。这种立意提炼出来，就成了企业的价值观。而不管企业有什么样的价值观，总能够挖掘出与之相对应的好故事。作为企业领导人，以一个引导者的身份，通过讲故事宣传企业的价值观和品牌，自然便成了题中之义，责无旁贷。

## 讲品牌故事离不开名人效应

这个世界上已经有了70亿人，就中国而言，也有13亿人，听起来很庞大很唬人。但是，在这13亿多人中，我们能够接触到的恐怕连零头都不够。然而，有这样一类人，我们也许永远都不可能跟他们有接触，却可能有兴趣时刻关心他们的生活。这一类人包括国家领导人、演艺明星、体育运动员等，我们可以把这类人统称为"名人"。

如今的商业竞争十分激烈，一个品牌想要被世人接受和熟知，起用名人做广告是最明智的选择。至少消费者会认为这里面还有名人的信誉可作担保。

对于普通消费者来说，名人是大家都比较熟悉的人，从心理上会将名人所代言的产品与名人挂钩。而所谓名人效应，也就是利用名人本身的影响力加强对品牌的影响。名人一般都具有一定的知名度和美誉度，因此品牌会选择形象、气质与产品定位接近的名人作为产品的代言者，替产品说话，替厂商向消费者推荐产品。

**第一，要有很强的洞察力和应变能力**

作为销售人员，我们要有很强的洞察力和应变能力，善于通过"名人搭台，企业唱戏"的方式，很好地抓住机遇，找到合适的切入点，巧妙地将企业、品牌和名人结合起来讲出品牌故事，达到借势传播的效果。

**第二，必须遵守真实和真诚的原则**

借助名人效应讲品牌故事，必须遵守真实和真诚的原则。现在国内出现了许多虚假广告，它们都是由明星和名人代言的，把名人效应发挥到了极致，故事也讲得天花乱坠，但是这些产品给消费者带来的不良后果却让人生气，也使人感到可怕。

近些年来，商家都意识到了借助名人效应讲品牌故事策略，纷纷投入巨资，下了大功夫，但由于违背了真实和真诚的原则，名人效应引发的风波越来越多。一是不真实。在做品牌故事时虚假宣传，夸大产品的功能和作用，甚至为违禁产品做宣传。二是不真诚。出了问题后，商家不是认真地向消费者致歉，千方百计弥补消费者的损失，反而极尽敷衍之能事，想方设法欺瞒消费者，为了利益不要名誉，最后毁掉了自己的品牌。

所以，我们借助名人效应讲品牌故事时，一要真实：在产品的功能方面不能作假，必须有一说一，一滴水都不能掺，否则就是对顾客的欺骗；二要真诚：要怀着真心为顾客服务的态度去讲述自己的品牌故事，以真诚的心态去满足顾客的需求，提供优质的服务，而不只是为了赚钱，不能前投机取巧，售后对消费者的投诉置之不理。

借助名人效应讲品牌故事是一把双刃剑。如果故事成功，双方皆大欢喜，产品有了知名度，名人也赚得了不菲的广告费；如果背离了真实和真诚的原则，就一定会出问题，而且可能是大问题、大事件。轻则名人名誉受损、产品失去了公众的信任，重则还得承担法律责任。

**第三，不要宣扬过度**

是不是一旦和名人搭上了关系，我们就拼命宣传，穷尽其价值？不，千万不要这么做。因为物极必反，任何事如果做得太极端了，都将起到反效果，为我们带来不必要的损失。

正确的做法是：既依靠名人来扩大故事的影响力，推广品牌的知名度；又必须注意到，以名人为中心的运作方式很可能会使名人本身的光环遮住了故事的闪光点。

总之，借用名人效应讲故事是讲品牌故事不可缺少的销售路径。想想看，你所销售的产品品牌有哪些名人可以"借"来讲故事，也许会有惊喜的发现！

## 让品牌借助社会热点，讲一个"热点故事"

借助社会热点讲销售故事，通俗点说就是"蹭热度"，借助热点事件进行商业传播，造就一个经典故事，来使产品借势热销，提升自己的价值。举个很简单的例子，"新浪微博"相信大家都接触过，每一个热点话题的下面都充斥着不少微商的广告，这就是最简单、最好操作的"蹭热点"。

借助社会热点讲故事，是近年来国内外十分流行的销售推广手段，也是讲故事销售的捷径，更是明智之举。要想借助社会热点讲故事，就要有敏锐的观察判断力和果断的决策，才能把握好时机，利用热点讲出你的故事。

在这方面，Zippo打火机给我们做了一个很好的典范。

第二次世界大战期间，战争的残酷与快速的消耗使得军队成了一个对各方资源需求最大的部门。和其他公司一样，Zippo公司也将自己几乎所有的产品都提供给了美军。这样一来，Zippo打火机就伴随着每一个士兵上了战场。士兵们用它点烟，用它点火取暖，用它做饭，它与士兵亲密相伴。

你可以想象这样的场景：半夜时分，在泥泞不堪的战壕中，两名疲倦的士兵戴着钢盔互相倚靠，怀抱钢枪。其中一人拿出两支香烟，另一人则掏出Zippo打火机把香烟分别点着。烟雾缭绕中，两个人的思乡之情被点燃。在这一方小天地，他们远离了战争，仿佛回到了遥远的故乡，一对好朋友正边抽烟边仰望夜空，畅谈人生的理想。

到战争结束时，这些有关Zippo打火机的故事就传遍了军队，也传遍了全世界，使得Zippo打火机成为世界知名品牌，且畅销多年经久不衰。从这个故事中，我们不仅收获了感动，还满足了一些自我的臆想与在心中幻想过许多遍的英雄情结。钢枪、头盔、打火机、香烟……这种种因素共同构成了那个年代"男人"的形象，瞬间就让这一品牌的打火机价值飙升。

我们有理由相信，Zippo品牌的打火机，就算质量过硬，但如果没有二战的爆发，和它借助二战所讲述的故事，它的辉煌绝对不会来得这么快。战争是人类的灾难，但同时也是一些商家眼中的大好机会。借助这种契机，有的产品就能讲出好的销售故事，大升其值。

如果Zippo打火机的案例还不能使你信服，那么，我们再来看海尔公司是如何借助热点讲出销售故事的。

人们都知道海尔的洗衣机以结实耐用著称，以至于一些乡下的农民都用它来清洗刚从地里挖出来的红薯。这件事本身就是一个热点故事，海尔公司讲得很好，促进了该品牌洗衣机的销售。但是随后另一则新闻又出来了，是海尔没有料到的——农村的用户抱怨说，洗衣机的排水管太细了，经常被洗下来的土堵塞。这个新闻很快就成为一个不大不小的热点，引起了消费者的议论。

公司的总裁张瑞敏得知以后，马上决定，把这个故事好好地讲下去，利用这一契机继续宣传海尔的品牌。他安排人组织生产了一种配有大口径排水管的可用来洗红薯的洗衣机，并在短时间内集中力量进行了广泛的宣传。该产品不但回应了消费者的要求，还开拓了新的市场，十分畅销。在这次不期而至的热点事件中，海尔公司既展示了自己强大的产品升级换代能力，又体现了自己对于消费者的高度重视。

可以这么说，海尔是国内众多企业中最擅长制造热点效应和最善于利用故事销售的。它总是能够从服务的细节中发现可以宣传的故事，并从新闻或热点事件中把握再一次发展的契机，使品牌的形象更上一层楼。

热点新闻、事件时时在发生，但你的热点故事是什么？我们怎么才能利用好了这些热点？

首先，我们可以借助热点来助推自己产品的销售；

其次，我们应该对热点做出一定的阐释，把握话语权；

最后，就是卖故事的升华和高级阶段：我们要懂得讲一个属于自己的热点故事。

那么，我们的热点故事是什么呢？下面有两个行之有效的方法可供借鉴。

**第一，介入一个热点**

我们要讲热点故事首先要介入一个热点，在介入时一定要掌握好介入与撤出的时间。

首先，我们要抓住时间，打一个"闪电战"。我们要在热点出现的当天，就设计一个有关产品的故事并公之于众。这种快速的介入，使我们成功地借助热点增加了曝光率。

其次，我们要灵活地掌控撤出的时机，在热点消退后的一周内，关于它的一切话题都会降温，这时我们还要纠缠这种所谓的热点讲故事吗？最好不要！

**第二，抓住关键词**

凡是热点就有关键词，我们要讲述一个热点故事，一定要抓住关键词讲述。在社会上，在我们身边，每天都会发生一些新闻与热点事件，能让人们感兴趣的是什么？他们感兴趣的时间有多久？这些事件中，哪一类的热点跟我们要讲述的故事有共同点？我们能拿出多少的投入和时间用在这些事件中？这是我们在发掘、利用热点讲故事时必须知道和了解的。

在借助热点讲故事时，要善于抓住关键词，迅速在第一时间介入，并且及时在第一时间撤出。故事可以讲得不完美，但一定要在火候刚刚好的时候让人们听到。如果能成功地做到这一步，讲故事销售效果一定是非常好的。

最后，有一点需要特别说明的是，大家一定不要认为只有财大气粗的品牌才有机会上热门。对一些小企业来说，热点事件一样能够好好利用。

## 口碑营销：品牌故事靠的是口碑传播力

书看到这里，相信很多销售人员已经深得讲故事促进销售的魅力。那么，问大家一个问题：如果想让千家万户都知道我们的产品或品牌，不特意在媒体上做广告，还有什么办法能做到呢？

要做到这一点，一个非常好的办法就是靠口口相传，也就是靠口碑传播的力量。在这方面做得非常好的，当属新东方教育机构。据新东方的老师所述，新东方做广告是很少的，所有的项目从推出到成功，更多靠的是口口相传。

虽然新东方并未做一般意义的广告，但其创办者及其他骨干力量从一开始就不遗余力地以讲故事的方式推广新东方的办学理念和教学特色。他们传奇而具有煽动力的励志故事激励了众多学子，而这些年轻又热血的年轻学子自觉不自觉地会和朋友分享这些故事，也就相当于充当了新东方的自愿传播者。

就这样，一路高唱着"从绝望中寻找希望，人生终将辉煌"的俞敏洪，终于带领新东方成功上市。

许多读者或许不解，口碑的魅力真的能达到这种效果吗？我们有必要了解一下口碑的力量。

通常情况下，口碑传播也被称为口碑营销，是指具有感知信息的非商业传播者和接受者对于某件产品或服务的非正式人际传播，也就是说，口碑的传播是以私人关系为主要纽带，而非大众媒介。

许多研究文献里，将口碑传播界定为市场中最强大的控制力之一，而对此，心理学家的观点更为直接，认为这是以关系为核心的，对使用经验或品牌有共同的观念或印象。而这些，也可以直接影响消费者的态度。

事实上，很多品牌早已发现了口碑传播的效力，因此，它们避开普通的传播渠道，而采用这种方式进行宣传。只要使用恰当，这不失为一个好的选择。

那么，品牌应该如何向消费者讲述口碑故事，从而让消费者口口相传呢？下面的内容将会帮助我们找到答案。

品牌如果要讲述口碑故事，首先就要研究和口碑营销相关的一切内容。在这里，我们可以借助星巴克的例子，来看一下企业讲述这种故事的要诀，进而分析借助口碑营销，星巴克的故事为品牌获利多少。

众所周知，自1971年创立以来，星巴克就是个用口碑讲故事的高手。现在的星巴克已然成为全球最著名的咖啡连锁店品牌，特别是20世纪90年代之后，由于其股票上市获得了资金支撑，星巴克低成本扩张策略得以迅猛发展。进入21世纪以来，星巴克又联手IBM和微软，开始网络时代的扩张。

如果按照普通的品牌发展之路来估量，星巴克发展至今需要大量的广告投入，但事实上却恰好相反。如同星巴克创始人霍华德·舒尔茨曾多次说过的那样，星巴克以一种商业教科书上没有教过的方式创立了自己的品牌，而这种方式，就是口口相传。

良好的口碑可以增加企业或产品的美誉度。例如，在我们进行网购时，会下意识地去查看店家的信用情况及已购买过此类产品的顾客评价，以此作为参考。这些顾客的评价，就是口碑传播，而这些排列有序的评价，事实上就在为我们讲述着一个个和这些商品及店铺相关的故事。

虽然研究者认为，口碑的本质难脱广告之嫌，但与纯正的商业广告相比，由于口碑传播具有独特的亲和力和感染力，因此会被消费者认为可信度更高。因为口碑传播的内容会被认定为已使用后的感受，而商业广告则不具备这种能力，其只是一种对产品的单纯的商业传播。

从这种传播的特征分析可以得知，通常情况下，由于口碑被消费者认为是不以营利为目的，所以相对广告宣传而言，口碑的可信度更高。

由于信息的过度泛滥，口碑传播对许多中小企业而言，成为一种提升自己知名度的低成本手段。但是，在此之前，星巴克已然成为个中高手，从它的成功案例中，我们可以借鉴一二。

为了使口碑传播产生更好的效果，星巴克坚持从内部做起：在星巴克，所有的员工都被称为合作伙伴。因此，在具体到与顾客的沟通时，每一位"合作伙伴"都被有意识培育出来的品牌意识所驱使，他们会为顾客提供更令人满意的服务，从而使口碑传播力度得以加强。

自成立之初，星巴克就一直把培养合作伙伴的意识当作口碑营销的起点。和许多国内企业相比，星巴克的这种意识显然是领先的。只有当每一位员工都将企业当作自己的企业，才会因此迸发出与之相匹配的工作热情。

现在再看最后一板斧：咖啡一刻。作为回馈消费者的一项全球公关活动，星巴克自成立以来，就一直致力于挖掘与此活动相关的新闻点。星巴克主动向媒体提供新闻线索，积极配合采访，通过新闻报道以增加口碑的可信度，从而最终达到了口碑营销的目的。星巴克总是和媒体保持良好的关系，并利用媒体话语权的权威观点作为自己的营销元素。

通过这种方式，星巴克创始人霍华德的传奇故事开始在坊间流传。这个故事是这样的：

1961年，由于当卡车司机的父亲出了事故，霍华德一家的生活降至冰点。可是生活要继续，霍华德的母亲只能用市场上淘汰下来的茶叶和最便宜的咖啡粉为全家人冲泡咖啡。这样的咖啡难以下咽，街角店里喷香的咖啡传来，孩子们却只能咽着口水回家。霍华德在他12岁那年的圣诞节，坚定了要开家咖啡店的决心和信心。父亲在世时，一直抱怨咖啡难喝，霍华德在路过一家便利店门口时，一罐包装精美的咖啡吸引了他的目光，由于没有钱买，霍华德抱着那罐咖啡在店主的追逐下拼命地跑回了家。

后来父亲去世了，收拾父亲遗物的时候，霍华德意外地发现了一个咖啡桶和一封信。父亲在信中写道，或许他不是一个擅长表达自己的人，能吸引孩子注意的方式可能就是打骂，然而，他也有理想，希望能有一家咖啡屋，能悠闲地为他们冲泡一杯浓香的咖啡。

父亲没有实现的理想，霍华德决定帮他实现。1987年，他辞去总经理的职位，买下了一家咖啡店。最终它成为全球闻名的星巴克。

星巴克创始人的这段故事感人肺腑，其中的人生坎坷、人情冷暖让人唏嘘，暗涌的父子之情催人泪下，霍华德自强奋斗的经历令人振奋赞赏，无怪乎其成为故事营销的大赢家。

从星巴克的案例我们可以看出，什么样的故事能具有口口相传的效果：只有那些运用了情感，且一波三折者才有这样的魅力。不过，品牌在进行口碑营销时，也要注意一些事项。首先，在利用口碑讲述故事时，要注意故事与品牌的关联性。只有与品牌相关的故事，口碑传播才有价值。

此外，传播还要注意文化的问题，例如，在一些少数民族聚居地，要注意尊重他们的文化和历史。随着信息的发展，口碑传播在很大程度上受到了文化导向的影响，这在很多学者的研究中已得到证实。因此，不同地域和文化背景的口碑传播要注意服务目标的特征，并有区别地进行传播。

通常情况下，进行口碑营销一般会先用一个特殊的方式来激发需求，然后再主动提供解决办法。例如，许多经典的网络营销案例，就是通过在网络中发起某项活动，然后把潜在的消费者推到相关的信息范围内。

不过，也不是所有的商品都可以像星巴克一样以口碑的方式成功，不同的商品应该根据自身的特点来制定传播策略。对于许多消费品而言，采用更复杂的广告营销就是不错的选择。

星巴克的口碑营销告诉我们，品牌传播并不一定只能依赖于有形的传播媒介，人与人之间的"口耳相传"同样具有超强的威力。

## 让品牌变成人人传颂的故事

每个品牌都有自己的文化,在每个品牌厚重的历史里,都有自己独一无二的品牌故事。什么是品牌故事?一个品牌由默默无闻到无人不知、无人不晓,这个发展的过程中会遇到不少挫折,也会发生不少奇迹,这个发展过程,就形成了品牌故事。

一个讲故事的高手不一定会做好品牌,但是一个伟大品牌的"当家人"一定是一个讲故事的高手。通常,品牌会用各种手段将消费者和自己联系起来,为消费者创造一个舒适、美好的消费过程。一个好的品牌故事,能让消费者快速信任自己的品牌,促成消费。在企业的品牌发展战略中加入讲故事的原理,能够让品牌建设更加有效。

不管这个故事是天方夜谭,还是市井传说,对于品牌来说,好故事也能让品牌增值不少。一个好的故事能让品牌变得更有内涵,让品牌更有感染力,故事的力量不容小觑,有时候,这就是打开市场大门的通关密语。

品牌故事是"讲"出来的,所有的品牌故事都是经过精心设计和编排出来的,对故事的情节、语言、讲述方式等进行加工后,将故事讲给消费者,让消费者受到激励,产生对品牌的印象与重视。

那么,作为销售人员的我们,如何才能让一个品牌的概念变成一个脍炙人口的神话、一则人人传颂的故事呢?其实一点都不难,当你在为你所销售的产品品牌设计故事时,只需记住以下三个原则就可以。

### 第一个原则:有个性,有重点

想要消费者感受到品牌的价值观,品牌故事就必须要有个性、有重点。海尔公司著名的"砸冰箱事件"就给消费者留下了深刻的印象。这个故事的侧重点是高度重视冰箱的质量,不合格的产品绝不出公司。消费者听到这样的故事，就能快速信任海尔品牌的质量。

**第二个原则：故事情节真实可信**

经历风雨，才会见彩虹。知名品牌的发展历程一定是充满荆棘的，所以品牌故事一定要曲折，让人不断回味。因此，品牌故事一定要真实，真实的故事，才经得起推敲，让消费者信服。

**第三个原则：避免恶意炒作**

有些品牌为了提升自己的知名度，恶意诋毁自己的竞争对手，这样反而给自己造成了不好的影响。品牌故事应该是积极向上，充满正能量的，绝对不能进行恶意炒作。

品牌故事是生动的，消费者口口相传自己亲身体验或听到的事情，这些故事构成了品牌生动的历史。每个品牌都有不少值得挖掘的故事，这些故事，是成功企业光辉形象的一部分。

销售人员想要把自己的故事变成一个脍炙人口的佳话，不仅需要销售人员如实地传达故事内容，还需要一大群"粉丝"的信任和追捧。当我们的故事被广大消费者接受，扩大了企业的影响力，才能帮助企业越做越大、越来越成功。这样的故事，才能算得上是一个成功的品牌故事。

综合各类品牌故事，非常重要的是，所有的故事都应该以人为本。毕竟，我们的目的是使消费者购买我们的产品。那么，一个成功的品牌故事应该具备哪几个特点呢？

第一，故事必须真实可靠；

第二，能够被广泛传播；

第三，能够发展成企业文化，引领企业发展；

第四，要和企业推广的诉求相吻合；

第五，能有效促进销售的达成；

第六，要能引起消费者的共鸣。

讲到这儿，不妨帮大家换换脑子。出个题目：假如给你一件T恤，成本是10块钱，怎么能让这件衣服卖到高价呢？有人会拿着衣服去摆地摊，最多卖15块或20块钱。假如加上自己的创意，手绘T恤，可能会卖到30块、40块钱。如果这件T恤是一个名牌，可能就上百上千了。如果你给这件T恤加个故事，说这件衣服是某个明星穿过的，那他们的粉丝就会蜂拥而至，这时候，这件T恤就更值钱了。

　　人总是充满好奇心的，如果要让品牌更有价值，就给自己的品牌故事加点"故事作料"吧，让品牌生动起来。消费者会因为故事的生动而记住品牌。当然品牌之所以能成为品牌光有故事还不行，企业能否流芳百世，是品牌故事得以长期流传的基础，否则再传奇的故事也只是昙花一现。

　　现在，停下来，想想你所销售的产品，想成为让消费者爱戴的品牌，就要先成为优秀的品牌故事演绎者，你能吗？

# 第二章
## 讲产品故事，制造无形的产品体验

### 好的产品故事就是一次绝佳的产品体验

几乎所有人都会对"产品"和"销售人员"有一些先入为主的观念，认为成功的销售就是把产品卖出去。所以，不妨先来预热一下你的头脑，之后再着手改变。

怎样才算是一个成功的销售人员？其实，对于这个问题的答案，并没有一个准确的定论。但作为一个销售人员，只是把产品卖出去并不算真正的成功。通过故事，让顾客认同我们，认为品牌有文化积淀，认为产品的无形价值高于有形价值，才是销售最大的成功。

回想起我们的成长历程，爸爸妈妈在睡前温柔地给我们讲故事，伴我们进入梦乡，可能是童年最难忘的事情。孩提时期的我们，没有那么强的理解能力和分析能力，所以那些简单有趣的故事非常吸引我们。

消费者对于产品的了解就如一张白纸，就像我们小的时候，对世界不了解。所以，我们用讲故事的方式推销产品，更能帮助他们了解产品，增加消费者的购买欲望，增加成交率。

讲故事能够使产品销售过程变得简单，增加趣味性，能够提高消费者聆听的专注度和参与度。讲产品故事的过程，实际上是一个调动消费者积极体验产品的过程。好的产品故事就是一次绝佳的产品体验。

看到这里，你一定会问：作为销售人员，我们应该如何讲好产品故事呢？

**第一，另辟蹊径，挖掘产品背后的故事**

任何产品都有两面性。通常，我们看见的都是产品表面的现象，产品的外观、性能、价格，等等。有些"看不见"的地方往往被忽视了。其实对于消费者来说，"看不见"的部分是具有重要展示价值的。特别是在产品趋同的市场环境中，一方面企业希望尽可能全面地展示产品的与众不同之处，另一方面消费者也希望尽可能简单而全面地了解他们所购买的产品，而当所有人都开始"拼数据"时，消费者反而在各种信息的轰炸之下处于一种麻木和无所适从的状态。这个时候，另辟蹊径地挖掘和塑造产品背后的故事，却有可能因为"新鲜"和"有趣"而留在消费者的印象之中。

**第二，提炼产品"幕后"的故事**

关注产品，不能只关注表面现象，还要提炼产品的"精髓"，比如产品的理念、设计、研发过程等。

产品的理念，有时候就是企业文化的代名词；研发产品，就是把理念变为现实；设计，就是给产品穿上美丽的外衣，让消费者眼前为之一亮。

比如产品的"理念"，它是企业文化的浓缩，看不见摸不着，但是却在冥冥之中影响着产品的发展。"产品理念"可能是创业者的个人意志明显化，也可能是企业在发展过程中形成的习惯。对于"理念"，消费者觉得是一个抽象的概念，但是，正是这种抽象的概念，把它包装、推广之后，更能影响消费者的消费习惯，这种"润物细无声"的方式显然更容易被消费者所理解和接受。

**第三，构建简单清晰的产品故事**

在理念形成和研发设计的过程中，所涉及的内容都是枯燥的，但是要如何化枯燥为生动，吸引消费者的注意呢？就像爱国精神，因为很多革命烈士的牺牲奉献，让爱国精神更加具体、更加深刻地印在我们心中。企业通常也会把企业精神"英雄化"，精神是抽象的，但是人物却是具体的，这样，更容易打动消费者。

例如，现在有一个产品，需要向大众传递"企业一直秉持精益求精的经营理念"这一信息，但看这句话，实在是太索然无味，但是我们拿出海尔"砸冰箱"事件，大家就好理解多了。再比如，乔布斯和苹果、王石与万科，都是借助"英雄人物"的故事塑造和传递产品的典型案例。除了这些，研发环节也很重要，一定要尽力满足顾客的需要，设计环节，更是要使产品的外观别出心裁。

总之，讲故事不是聊天，随便说说就好了。给消费者讲述产品故事一定要用心，把最能打动人心的部分传递出去。在市场竞争如此激烈的环境下，一个吸人眼球的故事，一定能使产品脱颖而出，成为佼佼者。

所以，给产品一个动人心弦的故事吧，让它像空气一样自由传播，带给顾客绝佳的产品体验。

现在，我们就一起来为你的产品精心准备一个故事。

## 自信是讲产品故事的第一法宝

如果说讲产品故事销售成功的90%靠的是故事本身，那么剩下的10%就是销售人员所必备的产品知识。为什么这样说呢？因为作为销售员，不管你讲什么样的产品故事，最终的目的就是推销出自己的产品。而如何利用自己对产品的了解，讲好产品故事，及时地为顾客解决对产品的质疑，让顾客心甘情愿地购买自己的产品，是讲产品故事的第一法宝。让我们来看看商场的电视机销售员王冠是如何做的吧。

王冠是一个大型商场的电视机销售员，她口齿伶俐，才思敏捷，是一个很会利用故事进行销售的销售员。但是，在一次的讲故事销售中，她却遇到了麻烦。

一天，商场举行一项大型促销活动。王冠正热情洋溢地给顾客讲一个

"某顾客购买了该品牌电视机后，用得非常好，又回购的故事"。这时，一位顾客提问说："你说的都是别人买了这个牌子的电视机，那你们家用的也是这个品牌的电视机吗？"王冠迟疑了一下，回答说："我们家用的是别的品牌的，只是还没有来得及换而已。"这位顾客一听，嘬着嘴说："你们家都不用，你怎么知道它好不好呢？既然你自己都不相信自己的产品，又怎么能让我们信服呢？"这位顾客嘴里一边嘟囔，一边向别的品牌电视机柜台走去。

从那以后，王冠汲取了经验，马上购置了一台自己销售的电视机。以后，在向顾客讲产品故事时，总不忘提及自己家里的那台电视机，从而对顾客的成功选购产生了极大的说服力。

像王冠一样，因为对产品的了解不足而使销售失败，这是很多销售员都遇到过的问题。因为不了解自己所销售的产品，讲产品故事时就会心虚，这样就无法赢得顾客的信任。讲产品故事，自信是第一法宝。作为销售人员，在任何时候都不要怀疑自己的产品，要相信自己的产品能满足顾客的需求。

那么，我们如何才能建立对自己所销售产品的信心呢？换句话说，我们应该如何讲产品故事，才能给顾客传递出我们对产品的自信呢？下面有一些方法，相信会对你有所帮助。

**第一，做销售工作之前，选择有质量保证且有广阔市场前景的产品**

一个成功的产品故事，必须依赖于一个好的产品。所以，销售人员在从事销售工作之前，要对所销售的产品，甚至是行业有所选择，要选择有质量保证且有广阔市场前景的产品。反之，如果产品无法为顾客提供价值，即使你的产品故事讲得再完美，也不能最终实现成交。事实证明，只有质量合格、功能优良的产品才能为你的产品故事添砖加瓦。

**第二，自己要对产品有所体验**

讲产品故事，要想对顾客产生无形的"产品体验"，首先自己要对产品有所体验。如果自己都没有使用过这种产品，你又如何设计出适合产品特点的故事呢？如果可能的话，销售人员要自己先购买所销售的产品，这就意味着你先以身作则地接受了自己所销售的产品。接下来在向顾客讲产品故事时，你就会发自内心，真情流露地去讲述产品故事，使自己的语言更具有说服力。无形之中，就让顾客对产品有所体验，建立起对你和你的产品的信任，从而激起他们的购买欲。

**第三，切勿过分夸大自己的产品**

销售人员在向顾客讲产品故事时，往往认为需要"王婆卖瓜，自卖自夸"，来展示产品的优点和特色，这样才能引起顾客的兴致，交易才能顺利完成。但在这个过程中，如果我们过分夸大自己的产品，让顾客购买之后，并未达到你所说的那样好，那么就会对你产生不信任，进而你也就会失去这位顾客。那么，我们应该如何避免在讲产品故事时过分夸大自己的产品呢？

语言要客观简明。我们在讲产品故事的时候，语言要客观简明，不聒噪，这样既能让顾客明白产品的性能，又能让他们对我们产生信任，建立良好的客户关系。

用扬长避短的方法来讲故事。事物都具有两面性，有好的一面，自然也有其不足之处。产品也不例外。因为我们在讲产品故事时，首先要客观地分析产品的优劣，学会运用扬长避短的方法来讲故事。即对于产品的优势要在故事情节里清楚地强调给顾客，而对于它们的缺点尽量回避。

在故事中要特别向顾客强调产品带来的益处。我们在讲产品故事时，一定要特别强调产品所带来的益处，目的是满足顾客物有所值的心理。因此，销售人员向顾客讲产品故事时，要明确顾客的实际需要，重点强调产品的优势，尽量通过故事让顾客明白产品的优势正是他所需要的。

**第四，理性地面对产品的缺点**

在讲产品故事时，一些销售人员为了尽快提升自己的工作业绩，往往在讲故事的过程中，把产品说得天花乱坠，对于产品的不足之处则是百般隐瞒。最终的结果是顾客发现产品缺点，拂袖而去。即便是顾客当时没有发现，产品销售出去，顾客发现之后你将永远失去一位顾客。一个优秀的销售人员在讲产品故事时，往往会理性地面对自己产品的不足。可是，说到产品的不足之处，相信很多销售人员都对如何向顾客讲产品故事时规避这方面的内容而感到手足无措，那么成功的销售人员应该如何做呢？

讲一些对产品无关紧要的小问题。俗话说"人无完人"，产品更是如此。我们在向顾客讲产品故事时，可以向顾客讲一些对产品无关紧要的小问题，这样可以让顾客觉得我们真诚，是为他着想。那么，销售成功离你就只有一步之遥了。

时刻遵守自己的承诺。销售人员在讲产品故事时，不要为了达成交易，而轻易向顾客许下承诺。一旦你许下承诺，就必须做到。这也是你在顾客面前建立诚信的前提之一。

**第五，多讲激励人的故事**

我们在向顾客讲产品故事时，要尽量避免讲一些消极的故事，否则就会打消顾客购买产品的积极性。多讲激励人的故事也是促使销售人员与顾客达成交易的秘密武器。比如，一位顾客在为自己的女儿购买玩具时，嫌价格太贵而犹豫再三，准备离开时，销售员立刻对顾客讲道："这款玩具是今年的最新款，好多小朋友都来我们这里买这款玩具。他们说这款玩具质量很好，怎么摔都不会破……"听销售员这么一讲，顾客便拿起这件玩具向收银台走去。正是销售员利用产品防摔的特点讲了一个产品故事，恰到好处地激励顾客，让顾客感到物有所值，从而顺利成交。

讲产品故事，自信是第一法宝。不信，你就试试！

## 说服力，故事的核心

作为销售人员，对于我们来说，什么是最重要的？这个问题的答案有很多。但不管什么样的答案，都离不开三个字：说服力。销售人员最主要的工作就是说服顾客，说服永远是销售工作最重要的一个环节。同样，通过讲故事销售也是一样。要想让顾客耐心听完我们所讲述的故事，能够购买我们销售的产品，我们的故事必须具有说服力。

这恐怕和大多数人理解的讲故事销售并不一样。如今有许多虚假的故事销售，在讲产品故事时总是先虚构一些人名，抑或把摄像机扛进客户的家中，然后描述他们是怎么在你的产品的帮助下过上了"幸福快乐"的生活……这是多么熟悉的场景，在十几年前就被用滥了不是吗？可它效果有限，反而容易激起观众厌烦、质疑的情绪。

真正有说服力的故事，应该是实用、动听和真实的，能快速简洁地帮助人们对产品做出清楚的定位，并且与自己的需求结合起来。听我们所讲述的故事后，人们的第一个想法应该是问自己"我是否需要它"，而不是"我是否已做好了屏蔽它的决定"。

要讲一个具有说服力的产品故事，并不是一件简单的事，就像我们说服别人总要大费周章一样。

我们先来看一看星巴克是如何给消费者讲一个具有说服力的故事的。

星巴克讲述自己咖啡的故事是从葡萄酒开始的，这是与其他咖啡厅截然不同的地方。它有自己的创意，并立足于消费者最关心的口味。它把葡萄酒的品鉴方式运用到了咖啡之中，并且制定了一个全球性的销售战略，提出了"地理即风味"的主题。从效果看，这个主题是很有说服力的。

从2005年开始，星巴克决定运用这一主题来包装咖啡。其希望对消费者进行指导，帮助人们区分咖啡之间的细微差别——主要是口味的微妙不同，使人们从中发现自己最喜爱的口味。其从葡萄酒讲起：为什么两瓶外观相似的葡萄酒，在价格上却天差地别？这是因为葡萄酒的档次由产地、历史、风味和酿造工艺所决定，乃至不同的品牌内涵都对价格有着巨大的影响。一瓶好酒和一瓶不怎么样的酒，它们在价格上的分野总有道理。

每一瓶葡萄酒的背后都有一个故事，它从哪儿来的？经历了怎样的酿造过程？它产自哪个庄园？拥有多久的历史？酒客对此深感兴趣。同理，人们对咖啡也有类似的需求。就像你去了一家咖啡店，一定想问问店员都有什么口味，并描述自己喜欢什么样的咖啡："我喜欢温和的味道，请加适量的糖，不要太苦或太甜。"

"清爽的酸味是我的最爱，谢谢！"

人们在询问咖啡的味道时，大多数的消费者都不太清楚它们是怎么来的，但这不代表他们对此不感兴趣。所以星巴克喜欢向顾客介绍咖啡的风味故事："我们所用的咖啡豆，产地主要来自美洲、非洲和太平洋地区，请相信，这些地区的咖啡豆都有其独特的风味，它们的酸度、醇度和气味有着不同的特色。不论你希望尝到水果般的甜，还是泥土的芳香，我们都能提供。"

星巴克给消费者讲述的产品故事，可谓是讲故事销售的至高境界——我们卖的不再是一杯咖啡，而是咖啡的历史和它们从海外带来的不同风味，让你在品评一杯咖啡的过程中，同时也读到了一本书，听到了一个带有异域风情的故事，并提升你自己的品位。

回看星巴克的整个故事，你会发现一个问题：星巴克的产品故事一直在用"口味"说服消费者。如果你还没有发现这一点，多看几遍，相信你会有所感悟。那么，如何用口味来说服消费者呢？它的说服力体现在哪些具体的地方？

比如，通过专业的消费者调查，星巴克公司发现，很多人不喜欢喝那些口味太强的或经过了深度烘焙的怪味咖啡。于是，公司的烘焙专家展开了艰苦的工作，他们用好几个月的时间尝试了几十种新配方，成功地推出了一种只经过轻度烘焙的综合咖啡，让消费者可以享受到轻柔、圆润且较为温和的咖啡，从而吸引到了这一部分群体。

因此，我们得出一个要想产品故事具有说服力的原则就是：说服力首先体现在"以人为本"。根据消费者的真实需求调整口味，提供他们真正想要的东西，这才是赢得认同的决定性因素。

大多数顾客都喜欢用一些抽象的词来概括他们对咖啡的喜好，例如"生动、难以言喻、让人沉醉"，这些词语反映的正是消费者对于咖啡口味的复杂要求。但仅有这些词语是无法把咖啡的故事讲明白的，前台的销售人员必须具备一种本领：当顾客说出一些词语时，能够迅速地找出对应的口味，把他们喜爱的咖啡摆到其面前，满足顾客的一切要求。

一个关于口味的故事，再加上色彩的搭配，让星巴克"地理即风味"的销售理念收到了最好的效果。在具体的操作中，星巴克又提供了次一级的故事色彩，就是图片。既有同色系的表现咖啡产地的地域特征的图片，又加入了一些功能性的图片，进一步加强了咖啡的口味和色彩之间的联系。这一包装策略对消费者来说是意外之喜，为他们开启了一条识别口味的便捷路径。

好了，现在拿起自己的产品，直视它。这是你能为人们提供的服务，是你的立业之本。你能讲出多少关于它的故事，能否用最短的时间说服客户？一个故事具有多大的说服力，几乎在设计阶段就已经定型了。

你可以检查一下：在自己讲完故事之后，有多少次顾客的好奇心降低了？你可以统计一个关于自己的数据，说服对方的成功次数到底是多少？

故事的说服力不外乎这三个因素：与产品有效的结合，比如星巴克的咖啡与葡萄酒；简练明确的主题思想，告诉人们这是什么；充足和强有力的理由，让人们马上做出购买的决定。

并不是所有销售人员都懂得这些因素的重要性，但总有些明白人能把它们发挥到极致。当你把你所设计的产品故事融入了这三个因素,拥有了说服的力量,你就迈出了成功的第一步。尽管这只是一个开始,但你的故事已经具备了成功的可能性。

## 把产品的"卖点"充分在故事里呈现出来

什么是"卖点"?所谓卖点,就是销售员向客户传播的一种消费主张、一种承诺。一个好的产品卖点,能够引起顾客的强烈共鸣,并激发他们对产品产生关注和好感,从而产生购买行为。我们在向顾客讲产品故事时,要把自己所销售产品的卖点充分在故事里呈现出来,这样才能打动顾客。

对于销售讲故事来说,一个产品的卖点就是指产品对顾客的价值。在讲产品故事时,如果我们只是在故事里传递给顾客产品的功能,那么顾客是不会对产品产生深刻印象的,也就更不会被故事说服购买。而针对顾客的需求在产品故事里强化产品的益处,顾客就会对这种特征产生深刻的印象,从而被故事说服购买。

产品的卖点有很多,销售人员在提炼产品卖点时,一定要遵循一定的法则,否则提炼出的点就不能起到"卖点"的作用。

**卖点提炼一:根据顾客的需求**

产品卖点的诉求对象是消费者,所以我们在提炼卖点的时候第一个要考虑的就是顾客的需求,顾客对产品有什么样的需求,我们就提炼什么样的卖点。值得注意的是,我们在提炼卖点时,尤其不能"闭门造车"。

**卖点提炼二:产品本身具有的品质**

虽然我们说提炼产品卖点时要根据顾客的需求,但前提是产品本身具有的品质。如果顾客有这方面的需求,而我们所销售的产品却不具备这方面的品质,那么我们的卖点就是胡乱捏造的,有欺骗顾客的嫌疑,最终只会自己打自己的嘴巴。

**卖点提炼三：突出产品的不同之处**

如今是产品同质化的时代，所以我们提炼卖点的时候要着重突出我们所销售的产品与别的产品的不同之处，在产品的独特之处提炼产品的卖点。

在向顾客讲产品故事的过程中，我们能否尽快地让顾客了解产品的卖点，并让这个卖点成功地吸引顾客，成为顾客眼中的亮点，往往对能否成交产生至关重要的影响。一个产品无论其卖点如何好，如果不能让顾客感受到这个卖点带给他们的利益，顾客就不接受产品，那么再好的卖点也没有意义。因此，在向顾客讲产品故事时，我们应该想办法尽快把产品的卖点通过故事呈现在客户面前，在产品故事里呈现产品的卖点，从而激起客户的购买欲望。

如何才能快速吸引顾客的眼球、把产品的卖点转变成顾客眼里的亮点、促成现场购买呢？解决这个问题的有效方法之一就是在讲产品故事的过程中进行现场演示。结合故事进行现场演示，不仅能让顾客从我们所讲述的故事中听到产品的卖点，还能亲自感受产品的卖点，这种调动感官的方法往往能让顾客产生购买的冲动。

在向顾客讲产品故事的过程中，通过现场演示向客户展示产品的亮点，是提高产品销售量的一种重要方法。

陈亮是一款不知名的蒸汽熨斗的销售员。一天，他向顾客讲产品故事，在故事里他很好地呈现了产品的独特功效和普通熨斗相比有哪些优点等卖点。虽然顾客听了他的故事后表示赞同，但却并没有购买的意思。后来，他对顾客说："我来演示一下这种产品的用法吧。"然后边向顾客讲产品故事边在现场进行演示。经过他的现场演示，很快使顾客眼前一亮：这种熨斗不仅比其他熨斗经济实惠，而且使用起来效果更好、更方便。

于是，刚才还只是销售员口头讲产品故事的卖点，经过陈亮的现场展示，马上就变成了顾客眼里的亮点——之前许多顾客之所以没有采取购买行动是因为他们没有看到产品的独特卖点。

就这样，陈亮凭借一个产品故事、一个现场演示，就做出了 5 万元左右的月均零售额，旺季时甚至高达 20 多万元。

在向顾客讲产品故事的过程中，我们应该根据产品的特点，想办法尽快把产品的卖点通过故事展示给顾客，让产品的卖点变成顾客眼中的亮点。顾客亲眼看到、亲手摸到的产品优势比销售员的语言更有诱惑力，当他们看到自己喜欢的东西时往往会产生想拥有它的想法。如果自己有支付能力，那么他们往往会把它买下来。因此，产品的卖点一旦成了顾客眼中的亮点，即使是那些事先并没有购买倾向的顾客往往也会产生购买的冲动。

好了，又到了本节的结束时间，相信你已经懂得如何提炼产品的卖点以及如何把产品的卖点在故事里呈现在顾客面前了。如果还不知道具体该怎么做，不要紧，再回到本节的开头，重新阅读一遍，然后去实践吧！

## 在故事中大胆暴露自己产品的缺陷

在传统的销售过程中，销售人员总是不断地吹捧自己的产品，其实，有时候稍微暴露一下自己产品的缺点，反而让顾客觉得产品可信任，因为没有什么事情是完美的。

美国一位心理学家曾经做过这样一个研究，他把一个能力非凡、完美无缺的人和一个同样能力出众但是身上有缺点的人放在一起做了一个对比。他发现，有缺点的人比完美无缺的那个人人缘更好。太完美的人让人觉得有距离，觉得他不食人间烟火，反而是那些接地气的，有点小毛病的人更贴近生活。

所以，我们在向顾客讲产品故事时，不妨适当地透露一些产品的小缺陷，这些小缺陷无伤大雅，却能让顾客觉得这个产品值得信任。与其遮遮掩掩地让人怀疑，不如光明正大地坦诚相待。很多时候，顾客觉得这个产品的缺点并不影响自己的产品体验时，会自动忽视，快速做出购买的决定。

甲壳虫汽车的故事给我们做了很好的说明。

在20世纪50年代的美国，有一家广告公司接了一个策划案，这个策划案非常棘手。棘手在于其要帮一种德国产的小型汽车打入美国市场。当时，美国人比较喜欢的车型是大型的国产汽车。出人意料的是，广告播出后没多长时间，德国产小汽车——大众旗下的甲壳虫，摆脱了以往滑稽可笑的形象，非常受美国民众的追捧。

那么，甲壳虫这次成功逆袭的原因是什么呢？就是因为广告公司构思了一个非常优秀的产品故事。更让人拍手称奇的是，产品故事并没有把车型优点作为重点宣传对象，反而把这款汽车的缺点暴露给了消费者，产品故事说道："丑只是表面的，它能丑得更久。"从另一个侧面表现出自己的车寿命更长久。

甲壳虫的"自黑"故事成功勾起人们的好奇心，把甲壳虫推向了美国市场，并畅销了好长一段时间。这样的故事能让甲壳虫卖得如此火爆真是令人吃惊！

甲壳虫大胆地把自己的小缺陷"暴露"在大众面前，反而让民众更加觉得广告可信。在以后的销售过程中，再提到它的优点时，比如经济实惠、省油等，消费者会坚信不疑。

相信有过面试经历的人都知道：那些夸夸其谈、口若悬河的自夸的人被录取的概率都不高，反而是那些诚实面对面试官，敢于正视自己缺点的人，被录取的概率更高。

阿玛诺斯销售土地的故事就说明了在产品里适当暴露产品缺陷的作用，对我们而言是一个很好的启迪。

阿玛诺斯是美国大名鼎鼎的销售行家，他非常善于销售，业绩非常不错。才两年就晋升为销售主管。我们也来学学他的销售技巧吧。

有一次，公司要卖掉一块土地，他不走寻常路，向顾客推荐这块土地的时候，并不是夸这块土地地段如何好、投资价值如何高、现在入手多么划算，等等。他给顾客讲了这样一个故事："这块地确实有很多人来看，前段时间我有个朋友也来看过这块地，他都看了好几次了，还在犹豫，这块地周围有几家工厂，噪声、灰尘都太严重了，如果拿来盖房子，居民肯定会嫌吵，因为这样，价格才稍微便宜一些。"

尽管他的话把这块地的缺点暴露无遗，但是，当顾客到现场考察的时候，发现情况并没有想象的那么糟糕，还有人问他："哪里吵啊，现在不管在哪儿，噪声都是很难避免的。"

这样一来，在顾客心目中实际情况一定能胜过他所讲的情形，于是便心甘情愿地购买了那块土地。他的买卖就这样如此成交了。

因此，当我们在向顾客讲产品故事时，诚实一些，巧妙地透露一些产品的瑕疵，瑕不掩瑜，顾客不会在意这些小毛病，反而由于你的诚实更加相信你所讲的故事，从而提高成交率。

不过，值得注意的是，这种讲产品故事的策略的运用是有前提的，你在故事中暴露给顾客的产品的缺陷一定要是顾客不太在意的，如果其产品缺陷就是顾客所忌讳的，那简直就是撞在了枪口上。

## 故事要突出实用性，要与产品的功能融为一体

一个好故事包括很多因素，像上面我们讲到的自信、说服力、突出产品的卖点、适当暴露产品的缺陷等，它们都是重要的元素。但除了这些，故事的本身还应该和产品的实际功能联系在一起，应该具有实用性，而不是高高在上，成为一个"华而不实"的故事。

实用性是我们对于一个故事最强调的特点，很难想象人们听完一个好故事以后，却感觉没什么作用。实用性的要素包括哪些呢？首先必须含有动机、冲突、必要的情节设定、涉及产品的功能介绍与人们现实生活的需

要。这些要素通过与产品全方位的结合，就相应地变成了用户、需求、问题、价值定位和市场受众环境以及特点等。

离开了这些，产品故事就无法起到营销的作用。说白了，我们真正需要的，不是一个具有多高文学价值的故事，而是隐含在故事背后的商业价值——它是产业链上的一个环节，你不能只考虑它是不是一个好听的故事，除非你迷恋其中，忘掉了自己是一个销售产品的销售人员。

再比如说，我们在销售或创业的过程中最常见的几个问题就是：

你热情如火、干劲冲天，但是不是真的拥有了一项实用的技术，可以解决人们正在面临的问题？

你和自己的伙伴是不是还在争论市场用户的问题，比如销售的对象是谁？

你是否成功地制订了实用的销售方案，可以清楚地向人们表明产品的功能？

如果这些问题你都没有解决，你不可能讲好一个故事。不过，如果你能认识到实用性的重要，然后从产品中跳出来，再从讲述故事的角度来看，这些问题就变得十分清晰了。

你拥有了一项技术、一个产品，但如何让这项技术和产品在人们的生活中起到作用，让人们发现自己使用它们？我们的职责是用故事来讲述需求，帮助人们发现需求。

你知道人们确实需要它，但是不是还在争论，到底谁才是你的第一目标用户？在讲故事前，你得知道这个故事到底要讲给谁听，否则你就无法编织一个成功的故事。

你的竞争对手也和你一样，拥有类似的产品，正准备讲一个好故事，你怎么办？他的故事很优秀，并很有可能赶在你的前面讲出来，你能让自己的故事超过他吗？

我们不仅要针对这些问题给出自己的答案，而且要用事实说话。什么样的答案简单有效？一个实用、动人的故事。

人们都是在各种各样的故事中长大的，每个人都听过几千乃至几万个故事，却只能真正记住对自己有用的——或有心灵感悟，或有实际指导意义，其他的都会沉入岁月与记忆的海底，难以想起。所以，当你的故事销售工作遭遇瓶颈时，不妨想一下你的故事和销售工作在哪儿遇到了麻烦，是故事的创意阶段，还是讲述阶段，或者是与产品的结合出了问题？

比起定义我们的产品，营销最难的部分往往在讲故事的阶段——用什么样的方式把产品的实用性说出来，让消费者只需要听一句话就十分感兴趣；或者只用两句话就让顾客明白你的产品是干什么的，可以解决他们什么样的实际问题。

难点则是在如何表达我们的产品上。现在，很多销售人员都能做到对产品进行非常完美、全面的展示，场面精致，细致到位，让顾客看到每一个细节，了解每一个功能。但事实上，这都算不上是好的故事。比方说，很多做技术导向型产品的公司和销售人员，总是习惯性地对顾客讲述自己技术的领先、技术的先进、技术的独一无二等故事，再吹嘘一番自己企业在市场上孤独求败、没有竞争对手的霸主地位，却丝毫没有切中顾客的实际需要。

聪明的做法是：不要沉迷于夸耀自己，而要用一个简短的故事去描述这项产品会给顾客带来什么好处。

诀窍是什么？是让人们在听到故事时会联想到他们自己的个人经历。如此，你的产品就具备了一种人性化的品质，你的故事本身无形中就拥有了强大的实用价值，而不只是一个空洞无物的绣花枕头。

谁在这方面最为擅长呢？当然是乔布斯。乔布斯在销售苹果产品时从头到尾都只在讲一件事：苹果的产品将如何改变你的生活。他抓住了故事最重要的因素：功能、实用、情感和富有想象力。同时，乔布斯还特别喜欢给苹果公司塑造对手，从对比中让顾客发现谁更好，从而做出信服的选择。他从不羞辱自己的对手，而是展示对手的强大以及自己可以击败强大对手的自信。

在讲故事的时候，还必须注意要让顾客在获得信息以及肯定产品之间达成联系。不能洋洋洒洒讲了一个故事，顾客也听了，最后对你的产品却无任何评价。顾客听你讲了半天，完事后转身走了，什么都没做，这是失败的讲故事销售，当然是我们难以接受的。这也意味着你投入了巨大的成本，最后的收效是零。

这就要求你不仅把自己当成一个销售者，还要将讲故事视作一场投资。像一个激情四射的创业者一样，从投资的角度去审视故事的发生和结束。故事能够让顾客更了解你的激情和动力吗？故事能够让顾客体会到你为这项产品投入的心血吗？如果不能，说明你的故事没有突出实用性，没有和产品的功能融为一体，你还要继续努力！

## 借助肢体语言，让产品故事不再呆板

不管是电影，还是电视剧，说、学、逗、唱想要更生动，绝对离不开肢体语言。肢体语言可以让枯燥的演讲变得有吸引力，无聊的课堂变得有趣，呆板的表演变得生动；哪怕是最普通的聊天，加上肢体语言总能传递出更生动的信息。有时候不方便用言语表达的意思，用肢体语言也能让对方理解我们所要表达的真实想法。

"一个比画一个猜"是许多综艺节目都会玩的游戏。节目组事先准备好一些词语，两人参加游戏，其中一个人不能讲话，只能用动作形容这个词，另外一个人通过对方的肢体动作猜词。这个游戏不仅趣味性很强，而且节目中嘉宾在游戏中表演出来的肢体动作能让观众乐不可支，达到节目的喜剧效果。

在生活中，家长给孩子讲故事的时候，也会用到很多肢体语言。这是因为，我们的思维是以形象思维为主的，在认识上很多是感性认识。有些人喜欢看舞蹈，比如街舞、印度舞、民族舞等。杨丽萍的"孔雀舞"最为经典，她完全凭着优美的舞姿就将孔雀的一举一动展现得惟妙惟肖、淋漓尽致，这考验的是一个人的肢体语言表达能力和肢体语言理解能力。

因此，借助手势、动作、姿态等肢体语言来讲产品故事，可以帮助顾客更好地理解产品，增强对产品的印象，还能够制造无形的产品体验。

无声电影艺术家查理·卓别林和"憨豆先生"罗温·艾金森，都把肢体语言表演到了极致。卓别林在无声电影的时代，凭借自己丰富生动的肢体语言，表演了一个又一个搞笑幽默的情节，给人们留下了深刻的印象。而"憨豆先生"丰富的面部表情也让他享誉全球。想做到和他们一样，能够将肢体语言运用得收放自如，并不是一件容易的事。但我们可以通过有效的锻炼来不断提升自己，让自己在讲产品故事的时候不那么呆板。

如何锻炼自己的肢体语言呢？具体可参照以下做法：

### 第一，注意讲故事的姿势

站着还是坐着，身体前倾还是站直，手放在哪里，这些动作看似不重要，其实都会影响顾客对我们的第一印象。比如，身体前倾，表示你对对方说的内容十分感兴趣；如果你在讲故事的过程中脚的方向朝外，说明你潜意识里想要逃离这个场所，不想听对方说下去。

所以，在向顾客讲故事的时候，一定要注意自己的姿势。

### 第二，肢体动作和手势要与客户保持一致

假如你想和客户有更多的共同语言，想让你的产品故事更有效果，就要尽量让肢体动作和客户保持一致。

在手势上，要注意避免下压的动作。这个动作往往会让客户感觉到被排斥、被压制。即便是在和客户有异议的时候也尽量不要有此动作。而与此相反的向上的手势则会让人有被包容、被接纳的感觉。

### 第三，尽量减少干扰性的肢体语言

销售人员在讲故事的时候，要尽量减少小动作，比如摸头、抠鼻子、玩手指等，这些动作在一定程度上会造成客户的反感，还会显得自己不够

自信。

**第四，同时进行产品的演示（最重要的一步）**

销售人员在讲故事的同时，千万不要忘了展示产品。在故事讲到相应情节的时候，要适时展示自己的产品，故事是让产品锦上添花，千万不能让故事喧宾夺主。

从现在开始，按照以上方法练习你的肢体动作。相信下次在向顾客讲产品故事的时候，一定会达到事半功倍的效果。

## 让销售道具为你的产品故事"画龙点睛"

销售道具，对于产品故事来说，犹如饭菜里放的调料一样，缺少它们，虽然食物照吃，但味道却不佳。在讲产品故事的过程中，缺少销售道具，销售不一定不成功，但有了它们，你销售成功的机会就一定会更大一点。有效地利用销售道具，一方面能吸引顾客的注意，激起他们的好奇心；另一方面也会为你的产品故事提供更多的便利。

可以说，一个优秀的销售员，不仅会用自己的产品故事来打动顾客，更重要的是，他会运用产品的特性，采用各种能促进销售的方式来吸引顾客，激发他们购买的欲望。

不同的道具，在产品故事中起到的作用是不同的，究竟选择什么样的道具，这要根据产品故事和产品的特点来确定。但作为一名销售人员，以下几种道具是我们讲产品故事应该必备的。

**道具一：样品**

如果我们销售的产品轻、小，且便于携带，那么在给顾客讲产品故事的时候，不妨带上一些样品。这样，一方面不仅让顾客见到实物，增加信任；另一方面也降低了你讲产品故事时的抽象性，避免让顾客难以捉摸产品。同时，也加深了顾客对产品的了解。但是，如果你销售的产品携带起来比较麻烦，那么你可以带上一些微缩模型。这样也容易使顾客产生好奇心，促使你的产品故事无障碍地进行。

道具二：名片

销售人员在讲产品故事的同时，也是与顾客建立联系的过程，目的是方便与顾客建立长久的合作关系，而名片就起到了这样一个媒介作用。一张设计巧妙的名片，往往会引起顾客的注意，加深顾客的印象，并成为销售员讲产品故事的"广告牌"。同时，名片也为你在向顾客讲产品故事时开了一个好头。

道具三：公文包

公文包是销售人员不可或缺的工具，它不仅是销售员身份地位的代表，也是用来放置产品资料的工具，更是引起顾客重视，让他能够听你讲产品故事的重要道具。一名有突出才能的销售员，他的公文包应做到以下几点：

公文包里的资料要有条理，便于及时查找；

公文包里的文件要适合讲产品故事的需求；

公文包要干净整洁；

公文包里要有你设计好的产品故事备忘录。

其实，能为我们讲产品故事所用的销售道具远不止这三样。不管什么样的道具，我们在选择时，都要根据产品故事的需要来"因材施教"。如果偏离故事的主题，故弄玄虚，那么道具就起不到任何作用了。

一个小小的道具，就会使你的产品故事变得简单、高效，是不是很有用呢？从现在开始，想象一下，如果你将用讲产品故事的方式销售，你会为你所销售的产品选择一个什么样的道具呢？拿出来，放在你的身旁吧！

## 通过软文讲故事

软文，其实就是一种商业策略，把商业广告"润物细无声"般渗透到故事里。主要方式是借助文字，把想要表达的思想或者产品信息传达给消费者。用这种方法达到宣传推广的目的。软文营销的生命力极强，对广告技巧的要求也很高。

通过上述的了解，我们可以这样定义软文：软文，就是带有广告性质的文章。而软文营销就是让消费者在读过软文之后，进入企业设定的思维圈，潜移默化地影响消费者接受自己的产品，达到销售产品的目的。

软文不同于传统的硬广告，硬广告直白、开门见山，但软文就像太极拳，绵里藏针，以柔克刚。

如今，在文章中植入产品已经是再平常不过的事情了。当下大热的电视剧《微微一笑很倾城》，主角们吃的零食是"三只松鼠"，喝的酒是"RIO鸡尾酒"，玩的网游是《倩女幽魂2》，买衣服是在"唯品会"。虽然广告植入非常明显，但是并不影响观看，但是软文就不一样了。

这种带有明显广告植入嫌疑的文章，在各大论坛，一般是不会通过审核的。就算通过了，网友一看是广告，也很少有人会转发，根本达不到宣传效果。

那么，如何才能把产品写进软文，在互联网上讲故事呢？先来看这样一个案例。

晓梅有一个7岁的儿子，母子俩都非常喜欢出远门，但是晕车却让他们痛苦不已。可是偏偏连回趟父母家都要坐好长时间的车，这让他们遭了大罪。

晓梅在药店工作，所以，对晕车药比较了解。但是传统的晕车药副作用很大，她不敢轻易给儿子吃。直到最近，一件事情改变了她。

一天，晓梅又带着儿子回家看父母，车子上高速的时候，儿子晕车特别厉害。下车也不是，不下车也不是。这个时候，售票员走过来，给了她一盒药，说："你给孩子试试这个吧，挺有效的，省得孩子遭罪。"晓梅接过药，说了声谢谢，她看盒子上写着三个字"××乐"，平时她连自己了解的晕车药都不给孩子吃，更何况是不了解的呢？

因为路程实在太远，儿子不舒服，就开始哭闹，打扰到车上的人。有的人就开始议论，甚至有的乘客说售票员给孩子吃假药。售票员也很尴尬，车上的人意见越来越大了。其实，晓梅根本没有给孩子吃药，药一直放在口袋里。

"××乐"一直放在晓梅的兜里，晓梅没舍得扔。后来再次回父母家的时候，晓梅抱着试试的心理，按照说明书，提前半小时给儿子吃了一粒。而就是这次，改变了孩子天生晕车的命运。

晓梅永远忘不了，那天孩子看着窗外的风景，大叫"妈妈你看"。忘不了，孩子和她拥抱在一起共同唱起她最爱的儿歌，引来车上人一阵掌声……后来，这段小故事在药店成了一段佳话，因为晓梅的积极推荐，没过多久晓梅的药店采购了"××乐"。后来，"××乐"就成了药店的首推晕车药。而晓梅再也没有因为儿子晕车心疼过，儿子再也不受晕车的罪了。

这篇名为《儿子坐车总算不晕了》的软文在各大论坛上很受欢迎。阅读这篇文章的时候，读者沉浸在故事情节里，故事结束后，才明白过来，原来这是一个广告。这篇软文非常成功，不仅没有引起读者的反感，还成功地做到了二次传播。

这则软文很好地诠释了通过软文讲产品故事的概念，是名副其实的软广告。这样的产品故事才能在互联网称霸天下的营销大战中，为我们带来更高的转化率和更好的产品宣传效应。

其实，软文的表现形式有很多种。比如，新闻通稿、新闻报道、媒体访谈等，有的专业性较强的软文，也采用人物实录、权威论证等形式，甚至还有故事型、悬念型、娱乐型等。其中，故事型软文是比较常用的。因为它迎合了人们爱听故事的天性。

那么，我们到底应该如何通过软文向消费者讲产品故事呢？

首先，要设定一个消费者喜欢的故事情境。

根据产品的主要消费群体，选择一个合适的故事主题，比如爱情故事、亲情故事等。然后确定故事背景，确定大纲，根据大纲娓娓道来，将产品自然地融入到故事中。给消费者留下印象，从而达到销售的目的。

其次，将产品的基本信息或使用方法自然而然地讲述出来。

光在故事里介绍产品不行，还得讲清楚产品的性能及功能。在叙述故事的时候，要尽量让故事具有趣味性和知识性，不要让消费者觉得枯燥乏味。并且切忌夸张，情节不合逻辑，这样会让效果适得其反。

最后，避免做"标题党"。

如今，在各大论坛上常常会涌现出一大批"标题党"。凭借一些爆炸性、刺激性的字眼博人眼球，骗取点击率。结果帖子内容牛头不对马嘴，枯燥乏味，引起网友的反感。所以，在写软文故事的时候，一定要避免做"标题党"。软文故事里一定要有实际的内容，这些内容包括以下几个方面：

第一，软文内容要符合主流价值观，切忌色情、暴力等情节；

第二，产品不要过度包装，那样容易给消费者造成错觉；

第三，关于产品的介绍，要实事求是，避免做虚假广告；

第四，在软文中，不要只介绍产品，还要提供一定的价值，比如分享经验、提供信息等。

总体来说，通过软文讲产品故事是建立在一篇优秀的软文内容基础之上的。在此基础上，利用上面四个技巧，来使产品故事更加丰富多彩。这样通过软文讲产品故事才是成功的。

## 通过广告讲故事

最近几年，出现了很多新型的广告形式，其中系列广告，最让人眼前一亮。所谓系列广告，就是把广告得像电视连续剧一样，让人们对故事情节产生好奇，从而持续关注整个广告的推广过程。这种方法，既能传达产品的独特体验，又能给消费者留下深刻的影响。

产品和服务的信息通过创新，将独特的情节故事展现给消费者。在销售学上，人们将这种故事性广告定义为借用文学创作的手法。那么，利用故事情节做广告对推销产品有什么好处呢？

首先，这种形式打破了传统广告的开门见山，广告的故事情节要求跌宕起伏、富有创意，不能平铺直叙，要吸引消费者的眼球，故事情节一定要特别。

其次，把广告故事化，能够巧妙地把产品的特性、功能、服务等融合其中，避免开门见山的尴尬。故事情节引人入胜，拍摄画面清新自然，让产品多了一些亲和力。

正因为故事性广告有这些作用，才能够深化消费者对产品的主体认识，从而留下深刻的印象。

飘柔产品系列广告，就是一个很经典的案例。这个广告故事成功推出了飘柔护理系列的产品。下面，我们一起来看一下这个广告故事。

公车偶遇篇：在公交车站，男女主角一个上车一个下车，擦肩而过。男主角不小心一挥手，握住了女主角的长发，这时广告词响起"非一般的柔顺，触发非一般的心动"。然后，女主角转身对他微微一笑，男主角被迷住了。男主角突然发现自己的手里还握着女主角的发夹，立刻转身去追公交车。最后男主角追上了公交车，把发夹还给女主角，恋恋不舍地离开了……

　　**婚礼现场篇：**阳光明媚，一对新人在亲朋好友的祝福下走上红地毯，步入婚礼的殿堂。突然一个人出现，把新娘带走了，这时伴郎用一条丝巾蒙住了新郎的眼睛，原来他们要玩"猜新娘"的游戏。新郎摸了几个人的头发，摇头表示不是。到新娘的时候，那种头发的垂坠感一下子就让新郎认出了新娘。两人四目相对，彼此回忆着从偶遇、约会到结婚的历程，幸福地亲吻。

　　飘柔的这个广告故事讲述了一对男女从初遇、再见、约会、相爱到最后求婚、结婚的美好爱情故事，由几个小故事连成了一部完整的飘柔洗发水的广告故事。

　　通过这个广告故事，让消费者觉得飘柔已经不再是一个产品了，它成了邂逅爱情、走入幸福的代名词。它的经典广告词"一触瞬间心动"很好地诠释了飘柔产品独特的销售理念。

　　通过广告讲故事，为什么要这么做？

　　今天，资讯丰富，广告如潮，产品想要销售出去，一定离不开广告。不管是电视上、网络上还是手机里，都有广告的影子。人们已经开始厌倦广告，广告需要创新。

　　将广告故事化已经成了一种发展趋势。广告故事化的最大好处就在于通过故事和发生故事的场景，可以拉近消费者和产品的距离，让更多的人更快地接受我们的产品，从而产生消费冲动。

　　如果你还在对产品做硬性广告，那么，读了这一节后，请将你的广告故事化。

## 有素材要讲故事，没素材创造素材也要讲故事

会编故事的不如会讲故事的，会讲故事的不如会卖故事的。

想要做一名成功的销售人员，首先要当一个好的"说书人"。在过去，说书人高超的讲故事技巧，经常获得满堂喝彩，赚得盆满钵满。好故事需要好素材，好素材需要我们不断去挖掘。有素材要讲故事，没素材创造素材也要讲故事。

有一位心理学家做过这样一个有趣的实验：他把参加实验的人员分成两组，分别给他们一个瓶子，让他们根据自己的喜爱情况给瓶子打分，1分最低，5分最高。第一组，他们没给任何暗示或提醒，让他们跟着感觉走；第二组，心理学家告诉他们这个瓶子是在庞贝古城发现的，庞贝古城是意大利一个非常有名的古城，后来因火山爆发被掩埋。

实验结果在意料之中。第一组，就是"感觉组"，给瓶子的打分非常低，有的甚至只给了1分，最低分；第二组，也就是"故事组"，参加实验的人知道了瓶子的来历，都给瓶子打出了5分的高分。

两组的瓶子是一样的，为什么分数差异会这么大？这是因为"感觉组"认为，这个瓶子就是个普通的瓶子，没什么意义，更没什么价值；但是对于第二组来说，这个瓶子是文物，具有非凡的历史意义，他们认为这个瓶子是文化的代表。

这就是创造故事的魅力。这样的事情比比皆是。逢年过节，各大商家都使出浑身解数，抓住销售的大好时机。对于商家来说，此时就需要产品的内涵更丰富。那些被加入了联想、梦幻、幽默等元素的产品，非常受欢迎，这种产品被称为"情感产品"。

在20世纪80年代的一个秋天，出现了一则令人震惊的消息："威尔特

郡麦田中出现了神奇的怪圈。"突然，大批世界级的专家、学者涌入怪田圈。对于怪田圈的由来，什么说法都有。后来经过确认，很多麦田圈实际上是人造的，虽然如此，麦田圈的旅游业发展得还是很迅速。

关于麦田圈，最让人惊讶的，莫过于1990年7月12日在英国威德郡的一个名叫阿尔顿巴尼斯小村庄出现的麦田圈。当时，有好多人都参观了这个麦田圈，这个麦田圈长达120米，主要组成图案有圆圈和爪状图形。一些天体物理学家认为，这个圈绝不是人为的，可能是外星人发的信息。

麦田圈的传奇故事，如今也成了一个未解之谜。怪田圈非常神秘，人们对此非常感兴趣。有商业头脑的人开始利用麦田圈赚钱，很多人慕名而来，旅行社大发其财，组织游客乘坐直升机俯瞰麦田圈。还开发出了不少旅游衍生产品，当地的农民也富裕了起来。

如同麦田圈的故事一样，很多品牌故事都是被创造出来的。它们都是经过营销人员精心策划、精心推广的。因此，当社会大众读到这些故事的时候，会觉得受到鼓舞，激起兴趣，更加关注品牌。这样一来，就达到了宣传的目的。很多旅游景点都有一个或若干个或者优美或者感人的故事，其用意就在这里。

当然，这并不是要我们随意编故事去欺骗消费者，而是在不伤害消费者的前提下为消费者创造更好的消费体验。我们可以赋予产品一个或几个生动的故事，让产品具有生命力。但是故事一定要合理，不能胡编乱造，更不能欺骗消费者，不然赔了夫人又折兵，反而还会影响品牌自己的声誉。

## 如何从讲述故事转到提出购买请求

前面我们已经学习了讲产品故事的诸多技巧，那么在本章的最后一节，想要告诉大家的是：如何由产品故事的讲述自然地转到向顾客提出购买请求？

我们向顾客讲产品故事的目的是什么？当然是为了把产品卖给顾客，达到成交的目的。那么，我们应该如何由产品故事的讲述自然转到向顾客提出购买请求呢？以下方法值得借鉴。

**第一，在故事的结尾直接提出购买请求**

当我们向顾客讲产品故事时，在故事的结尾，直接通过语言向顾客提出购买请求。这个方法具体有四个操作方式：

陈述式购买请求：比如，你可以这样说："你只需要在合同上签名，马上就可以拥有我们的产品了。"

隐含性购买请求：比如，你可以这样说："我们可以提供送货上门服务，你只需要留下地址就可以了。"

选择性购买请求：比如，你可以这样说："你可以选择刷卡或者现金付款。"

开放性购买请求：比如，你可以这样说："我相信你现在已经完全看到了拥有产品所能带给你的好处，那么，你决定买多少呢？"

**第二，讲完故事后，用行动提出购买请求**

当我们向顾客讲完产品故事后，可以马上将合同拿出来放在顾客面前，翻到签字的那一页，把笔拿给顾客，面带微笑地看着顾客。

你也可以一边为故事收尾，一边征得顾客同意，礼貌地将顾客带到收银台。

**第三，讲完故事后，在顾客所获得的利益上面加强语气**

当我们向顾客讲完产品故事后，发现顾客有购买意图但还是有点犹豫时，可以再在顾客所获得的利益上面加强语气，比如你可以这样对顾客说："你真是幸运，这段时间刚好是我们新产品的上市推广期，我可以再赠送你一些礼品。明天我们的促销活动就结束了，如果我是你，我一定会抓住这一时机的。"

对于讲产品故事来说，自然地由产品故事的讲述转到向顾客提出购买请求，就好比是足球场上那临门的一脚，如果踢得好，交易就顺利成交；如果踢不好，则前功尽弃。

# 第三章
## 讲"我"的故事，推销自己比推销产品更重要

### 为什么要讲"我"的故事

"我卖的不是雪佛兰汽车，我卖的是我自己。"这是世界汽车销售第一人乔·吉拉德曾经说过的一句话，至今在销售界还人气爆棚。这句话为什么会流传至今、享誉世界呢？我们一起来分析一下。

顾客、商品、销售人员构成了销售活动的三要素。顾客想要购买商品，我们想要推广卖出商品，那么我们就成了联系顾客和商品的桥梁。经过我们的介绍，顾客更加了解商品的信息，然后决定买还是不买。在买东西的过程中，顾客虽然是冲着商品来的，但是商品自己不会说话，还是要通过我们的服务和介绍来了解。假如，我们态度真诚，顾客对商品的第一印象就会好，就愿意听我们讲自己的故事，接下来的事情就顺水推舟了。但是，我们如果对顾客爱答不理，对顾客的咨询一问三不知，即使其产品质量很好，我们的故事讲得再精彩，客户也会持排斥心理。

故事销售强调的一个基本原则就是：讲故事推销产品之前，首先要推销你自己。换句话说，就是讲故事销售，我们首先要向顾客讲的就是关于自己的故事。所谓对顾客讲述自己的故事，就是要让顾客听了故事以后喜欢我们，觉得我们可以信任。

其实很多时候，我们对于顾客来说，就像一件件的商品。玉树临风、仪表堂堂、态度真诚、服务周到，是人见人爱的抢手"商品"，所有的顾客

都喜欢；相反，邋里邋遢、粗俗鲁莽、夸夸其谈、盛气凌人的人，不要说顾客，就算是我们自己碰到这样的人，也会避而远之。

可以说，我们给顾客讲故事就是在和顾客"互动"。既然是互动，只有彼此不讨厌、相互信任才能进行下去。顾客从心底里接受了我们，才会耐心地听我们把产品介绍完，听完产品故事。所以，销售的第一步是要让顾客信任我们。如果顾客对我们有诸多的不满和警惕，即使商品再好、故事再精彩，他们也不会相信，从而拒绝购买。

因此，让顾客接受我们，讲我们自己的故事，是讲故事销售的首要任务。不信的话，就来看看下面这个案例。

陈深是一位基金销售人员。他刚刚入行的时候，每次出去见客户，推销理财产品的时候，虽然他很努力，但是他每次都碰一鼻子灰。经过几次碰壁，陈深开始思考：为什么每次见客户都会失败呢？为什么客户不能听自己把话讲完呢？在确定理财产品没有问题之后，陈深开始从自己身上找原因，是因为自己讲解得不好，还是因为自己的某些行为让客户觉得很反感？他找出自己的缺点，一一改正。当局者迷，旁观者清。他甚至邀请自己的同事和朋友一起吃饭，请他们指出自己的不足，促进自己改进。第一次聚会的时候，朋友和同事就给他提出了很多意见，比如：性格太急躁，沉不住气；专业知识不扎实，应该继续学习；待人处世总是从自己的立场出发，没有为对方考虑；做事粗心大意，不注意细节；常常自以为是，不听别人的劝告，等等。

陈深听到这样的评价，不禁感到汗颜，原来自己有这么多的毛病啊，怪不得客户不喜欢听自己讲故事。于是他下决心一定要改正自己这些不足。后来，他听到的意见越来越少，同时，在自己的工作上，他的签单率越来越高，客户也越来越喜欢他。

俗话说："没有金刚钻，就别揽瓷器活儿。"在讲故事进行销售的过程中，产品的质量虽然重要，我们个人的专业素养同样重要。把自己包装好，讲好自己的故事，顾客才有可能购买我们的产品。在一定程度上，我们的诚意、热情以及勤奋努力的品质更能够打动客户，从而激发客户的购买意愿。

大多数情况下，我们都会以为，商品的品牌和质量是客户优先考虑的因素。实际上，影响客户购买心理的因素有很多，比如门店的环境、产品的包装、售后服务等。但是，只要顾客从内心接受了我们，对我们产生了好感和信任，就会更加接受我们所讲的故事和推荐的商品。接下来的事情就水到渠成了。有一项市场调查发现，约有七成以上的消费者之所以愿意买销售人员推销的产品，是因为肯定销售人员的服务好，为人真诚善良，顾客比较喜欢他、信任他。反之，如果我们不能够很好地向顾客讲出我们自己的故事，让客户接受我们，那么我们的产品再好也是难以打动消费者的。这就是为什么要讲"我"的故事的真正原因所在。

总的来说，我们首先应该讲出我们自己的故事，这也刚好印证了乔·吉拉德说的那句话：我卖的不是雪佛兰汽车，我卖的是我自己。

作为销售人员，为了更好地讲出自己的故事，我们在提升自己形象的同时，还应该努力提高自己的专业技能，提升自己的修养，把自己最好的一面呈现在顾客面前。让顾客信任自己，接受自己，那么销售就成功了一大半。

## 让客户对你放心，比让客户对产品放心更重要

"没有卖不出去的东西，只有不会卖东西的人。"相信这句话大家都不陌生。要想在销售界站稳脚跟，就必须坚信自己一定能卖出东西。这是销售人员一切工作和行动的指南，也是销售人员获得成功的基本要求。

作为一名优秀的销售人员，我们要卖出去的第一件产品是什么？就是自己。只要把自己成功地推销出去了，销售也就成功了一半。这其实也很

好理解，一个对自己都没有信心的人，如何能把手里的产品卖出去？

乔·吉拉德是世界上最伟大的销售员之一。他曾经出过一本书，叫作《怎样销售你自己》，书中说道："销售的要点是，你不是在销售产品，而是在销售你自己。"这本书就专门在强调这一销售信条，书中还说："让客户对你放心，比让客户对产品放心更重要！"

销售界业内流传着这样一句话：四流的销售人员卖价格，三流的销售人员卖产品，二流的销售人员卖服务，一流的销售人员卖自己。从这句话就能看出来，成功把自己推销出去有多重要。我们一直认为，只要产品好，就不怕卖不出去，其实，销售人员才是销售过程中最关键的。

那么，作为销售人员，我们应该如何让顾客对我们放心呢？其实，让顾客对我们放心的方法非常简单，那就是：自信！

没错，就是自信。自信对每一个销售人员都很重要。当我们向顾客讲述关于我们自己的故事的过程中，言谈举止中若能流露出充分的自信，则会赢得顾客的认可和信任。而认可和信任是顾客购买你的产品的关键因素。销售人员吃闭门羹是家常便饭，假如我们不能用积极的心态去面对、克服内心的恐惧，就会永远被拒之门外。自己首先要信任自己，才能让别人也信任你。信任则决定了顾客是否会购买你的产品。

同样，在向顾客讲述关于我们自己的故事时，导致销售失败的最大原因就是：我们对自己失去了信心，认为自己无法将产品通过故事销售出去。

这里有一个相反的例子，大家应引以为戒。

一天，一位销售人员去向一位商界的成功人士奥里森·马登推销产品。当他推开马登办公室的门时，面带羞怯，小心翼翼地走进办公室，抬头打招呼时，眼神飘忽，不敢注视马登。马登热情地向他打了招呼，销售人员接着便向马登讲述了一个关于"自己用了产品如何"的故事，在讲故事的时候，销售人员神情紧张，声音很小，毫无感染力。故事讲完后，马登一言不发。

"我想今天可能没有我的订单，是吗？"销售人员向马登问道。

"是的，你改天再来吧，等你能够相信自己的时候再来。"马登对销售人员说道。

销售人员只好灰沮丧走了出去。

当你看完这个案例后，有什么样的启迪？是不是觉得自信对于故事销售非常重要。有些销售人员，在向顾客讲故事的过程中，眼神飘忽不定，没有胆量注视客户，并带有诸如"对不起，占用您宝贵的时间"之类的表情。这样讲述的故事，即使故事情节再精彩，也会让顾客认为你是一个懦弱无能的销售人员，会让顾客对你不放心，从而对产品也不放心。

由此可见，作为销售人员，在讲述关于我们自己的故事时必须表现出自信。顾客通常都喜欢与才能出众者打交道。他们不希望与毫无自信的销售人员打交道，再者，他们也不愿意与一个对自己都没有信心的人洽谈生意，更不会向之购买商品。

自信，可以为"我"的故事增色许多。对于顾客，自信比我们的产品还要重要。有了它，我们就获得了讲"我"的故事的终极武器。当然，这里需要特别说明的是，自信不单只是讲述"我"的故事的销售技巧，同时也是讲故事销售成功的秘诀。作为销售人员，我们在向顾客讲述所有的销售故事时，都要保持自信。

自信不是仅仅在嘴上说说，我们不能做说话的巨人、行动的矮子。我们要自信地说话，自信地做事，自信地与人交谈，习惯成自然，久而久之，我们自然就成为一个自信的人了。当我们与顾客交流时，每一个动作，每一个表情，每一句话，都要发自内心才行。这样，顾客才会信任我们，相信我们推销的产品。

既然自信能够让顾客对我们放心，是销售人员所必须具备的心态，那么，在讲故事销售的过程中，我们应该如何才能表现出自己的自信，从而让顾客放心呢？以下是一些成功的销售人员总结的关于在故事中树立自信的经验，你不妨从这几个方面入手。

**第一，准备充分才能自信**

在考试的时候，如果我们提前做好了复习，对考试的内容相当了解，那么我们肯定是自信的。相反，如果我们一点准备也没有，那么心里肯定是一片迷茫。讲故事销售也是一样。当我们向顾客讲故事之前，如果我们做好了准备工作，成竹在胸，那么我们在讲故事的时候会无比自信，为销售成功多增加一些筹码。那么，我们在向顾客讲故事之前，有哪些具体的准备工作呢？

在向顾客讲故事之前，我们要把故事提前设计好，对故事里的情节进行演练，以达到吸引顾客的目的；

要对我们所销售的产品进行了解，对产品的价格、受众人群进行分析，看他们适合什么样的故事；

了解顾客的需求，分析顾客的类型，知道顾客的关注点。

**第二，了解自己的长处和优点**

这个世上没有完美无缺的人，我们每个人都有自己的优点和缺点。作为销售人员，我们应该为自己拥有的优点和长处感到自豪。时刻提醒自己"我能行"，我们可以把这句话写在家里的镜子上，每天起床时对着镜子中的自己说上几遍，让"我能行"浸入你的心灵，变成一种积极的暗示。长期坚持做下去，你会发现自己正在慢慢地变成一个自信积极的人。

**第三，在故事里设计一些可以展现自己长处的情节**

当我们向顾客讲述关于自己的故事时，可以在故事里设计一些可以展现自己长处的情节。当我们向顾客讲述这样的故事时，就会显得更加自信。这样的故事讲多了，你的自信心自然就慢慢增长了。

**第四，讲故事时要约束自己的言行举止**

在向顾客讲故事时，我们必须约束自己的言行举止，确保走路、讲故事的神态和动作都表明自己是一个自信的人，更能表明自己是一个相信并完全了解自己业务的人。如果你不懂得如何做到这一点，可以在家里的镜子面前，把你设计的销售故事讲一遍。然后从镜子里观察自己：看看自己是否看起来很自信？如果不是，找出自己的不足，一点一点地改正。

除了上述几个方面外，对工作的态度、精神状况以及个性也可以体现出我们的自信。作为一个销售人员，千万不要在没有设计好故事之前，接近一个潜在顾客。我们在向顾客讲述故事之前，要设计好关于自己的故事，这样才能让顾客把注意力集中到我们的故事上去。这不仅是销售成功的保证，同时也可以让我们准备充分，充满自信。

自信，是故事销售的源泉，能让我们赢得顾客的认可和信任，从而实现销售目标。所以，我们一定要时刻充满自信，用自信扫除销售路上的一切障碍——这是战胜一切的诀窍。立即行动起来，从心中完全去除害怕、怯懦，树立你的自信心。

## 讲故事之前的三项准备

在向顾客讲"我"的故事时，展示才华也是吸引顾客的一种策略，有才华才有魅力。当你观察周围的销售人员，你会发现，凡是那些有能力、有才华，能把自己的销售工作做得炉火纯青的销售人员，一定是受顾客欢迎的。与之相反的是，那些没有才华，在讲故事时只会死板说教的销售人员，其业绩往往不尽如人意。

不信的话，我们一起来看看下面这个案例。

郑凡是一家销售语言教材的销售员。一次，他向一位顾客讲自己的故事销售产品，尽管他的故事讲得很精彩，却丝毫没有引起顾客的兴趣。可是郑凡仍然不肯死心，就在他准备向顾客讲述另外一个故事时，顾客有些不耐烦了，他对郑凡说："如果你能把你刚才所讲的故事用英语讲述一遍的话，我就购买你的教材。"这时郑凡一下子傻眼了，自己的英语只能进行简单的交流，怎么可能把一个故事用英语讲出来？就在他发愣的同时，顾客已经走了。这件事过后，郑凡开始反思自己：自己推销的产品是让人在短期内说一口流利的英语，而我自己都说不好英语，怎么可能让顾客相信自己的产品呢？

经此一事，郑凡认识到，要想自己的故事能够吸引顾客，让顾客信任，就必须让自己看起来很棒，要对自己的业务有足够的把握。也就是说，要说服客户购买自己的让人"在短期内必能说流利英语"的语言磁带，最起码销售员自己要能说一口流利的英语。这样才能让顾客信服。于是，郑凡开始利用自己的产品进行英语学习，一段时间后，他成为英语口语的高手。同时，他还积极地了解行业的最新发展状况，认真学习更多的知识。

当郑凡再向顾客讲述关于自己的销售故事时，他的举止谈吐发生了重大变化，故事里隐含的知识点也让顾客惊讶不已。另外，每次在讲完故事后，他都会用英语把刚才的故事重新讲一遍。理所当然地，郑凡的业绩节节攀升，很快他就因为表现突出，被提升为公司的销售经理。

我们向顾客讲述自己的故事，就像是针对顾客所做的一场表演，要想感染顾客，说服顾客，就要表演得精彩，把自己的才华和魅力全部展现出来。只有你表演得精彩，才会得到顾客的喝彩。

所以，我们提出最后的结论：作为销售人员，我们要不断提高自己的学识和才能，最起码应该熟练地掌握自己最基本的业务，这样，当我们向顾客讲述关于我们自己的故事时，顾客才会对我们心悦诚服，我们才会与顾客有共同语言，销售产品也就成了顺理成章的事情。

那么，如何才能拥有展现给顾客的才华呢？要在故事里展现我们的才华是一件不容易的事，这需要我们在讲故事之前就做好充足的准备。以下三个方面是我们必须要准备好的：

**第一，让自己拥有一定的经历**

作为销售人员，我们的经历不需要太多，但也不能太少。不说让自己周游列国，但也不能一直宅在家中当一名宅女或宅男。多经历些事情，能让自己尽快成熟起来，视野也会比较开阔。如果我们的经历不够丰富，那么思想就较为空洞,很难在创造一个故事时为它填满真实的让人信任的情节。

一个有经历的人讲出来的关于自己的故事,就像是十分有效的心理辅导,别人听在耳里,记在心里,且会产生认同感;一个没经历的人讲出来的关于自己的故事,就显得比较乏味了,他可能使出了吃奶的力气,讲得口水飞溅、面红耳赤,人们也不能从他的脸上看到任何的真诚和底气,相反,听到的全是虚浮、苍白之词。

这是因为,那些有着丰富生活经历的人,见多识广,阅人无数,更容易揣测出别人的心理,他们知道人们需要的是什么、想听到的是什么;其次,他们的经历就是自己故事的素材库,他们只需将自己的一些经历加入故事之中,自然真实,不掺杂水分,其故事就会听起来有趣而可信。

经历匮乏之人,既对人们的需求一问三不知,脑海中又没多少可参考的素材,那么他的故事就苍白无力,听之无味,也没什么可信度。

所以,在这里建议所有从事销售的人——你想成为一个优秀的销售人员吗?想成为一个故事销售的高手吗?先增加自己的阅历,多在生活中积累素材,多倾听人们的心声。这会让你受益无穷,对你自身的形象营销更是万分有利。因为人们不但喜欢听故事,还喜欢有故事的人。

换句话说,我们讲一个故事,卖一个产品,靠的其实并不是一个故事或一个噱头,而是自己的故事积累。作为讲故事的人,本身就要有一定的"故事",才能去打动听故事的人。假如我们自己苍白得如同一张纸,就可能被人"一戳就破"。

**第二,让自己广泛地涉猎各方面的知识**

为什么知识储备丰富的人往往都是讲故事销售的高手?因为他们胸中有墨水,信手拈来,毫不费力。这就是知识的力量,尤其那些涉猎众多领域的销售人员,他们虽不是很厉害的专才,却是基础相当扎实的通才,对各领域的事情都懂一点,在设计故事、讲故事时,就有了先天的优势,说出来的话也让人感到信服。

说到这里，肯定有人会不服气地说："我干吗要学那么多知识？我学好自己销售产品的知识不就行了？"这话听着很硬气，让人忍不住想伸出大拇指表示赞叹，的确，作为一个销售人员，我们首先一定要学好自己所销售的产品方面的知识。但仅仅拥有这些还远远不够。

最好的做法是多学习各方面的知识，然后把它们融会贯通。我们学到的东西越多，知识组合出来的花样也就越多。而一个花样就可以看作是一次创新，也可以视作一个新的故事元素。我们的脑子里装的东西越多，它们互相发生化学反应产生新东西的可能性也就越大，我们的创意就会越多，那么我们在向顾客讲自己的故事时的吸引力就越强，同时我们的逻辑能力与语言组织能力也不会差，讲出来的故事自然是精彩的，也是受人关注和欢迎的。

**第三，重复与投入的练习**

在这个世界上，没什么事情是可以一次成功且终生受用的。设计故事、讲故事，需要我们反复地练习，投入极大的精力去做，不停地纠正错误，提升方法，才有可能最终让自己成为一个讲故事的高手。

向顾客讲述一个自己的故事以吸引顾客，并达到销售的最终目的，难吗？是有一定难度！但如果你按照上述三个方法进行操作和练习了，你会发现，这并不是一件很难的事！

## 卖你的外在——第一印象很重要

你知道销售失败最大的原因是什么？答案一定会让你感到意外。

一项调查显示，在诸多销售失败的原因当中，有90%的原因是因为销售人员给顾客的第一印象不好造成的。通俗地说，就是我们还没有开口向顾客介绍产品，顾客就已经转身走开了。

第一印象用来讲"我"的故事也是同样的道理。不少销售人员可能自己也想不明白：为什么当我们把精心设计的故事讲给顾客听时，写在顾客脸上的却是"不耐烦"三个字，有的甚至会拂袖而去？于是，我们会认为是自己讲故事没有技巧，或者是所讲故事对顾客毫无吸引力。但事实上，出现这种尴尬的局面与销售人员的故事营销技巧并没有太大关系。他们只是忘了在给顾客讲"我"的故事前先审视一下自己和产品。

顾客做出购买决定往往只是一念之间，他们通常会选择第一眼看上的商品。同样的道理，销售人员在讲"我"的故事时，如果自己或产品给顾客的第一印象不好，就开始向顾客讲"我"的故事，那么，肯定会收到不好的效果。

现在，人们的生活、工作节奏越来越快，当我们在拜访顾客的时候，顾客没有太多的时间去了解我们。他们对我们和产品的感觉、认知都是通过短暂的接触来确定的，而不在于我们所讲述的故事是否可信。

如果顾客对我们或产品的第一印象非常好，那么我们讲述的"我"的故事越精彩，顾客就越相信，做出购买决定的可能性就越大。反之，如果顾客一开始就对我们的印象不好，那么无论我们如何花心思讲述"我"的故事，对于顾客来说，就如同菜市上的小贩一样，聒噪惹人烦。

对第一印象的忽略，是销售人员在故事销售初期经常会犯的错误。如果不认识到这个错误,并且改正过来,即使你学会再多的讲故事的技巧,把故事讲得再吸引人,对你的销售也起不到丝毫作用。第一印象将永远成为你的掣肘。

这听起来很难理解,我们举例说明一下吧。

一家保险公司有两个销售员,一个叫王涛,一个叫李超然。一次,他们同时接到销售经理给的工作任务,去一个叫广盛的公司里做保单维护和业务拓展。

第二天,王涛前去广盛公司。当时正值三伏天,天气酷热难当。王涛没有穿正装,而是穿着T恤、九分裤和凉拖鞋。当广盛公司的行政经理看到王涛的这身打扮后,脸上立刻有了不悦之色。在接待室里,王涛卖力地讲述自己的母亲因为没有买"住院险"导致有病住院后无钱治病的事,希望通过讲自己的故事来让客户认识到购买"住院险"的重要性。但从始至终,王涛面前的行政经理只是平静地听着,没有给出任何想要购买保险的信号。当王涛把故事讲完后,行政经理只是客气地说道:"我会考虑的。"然后就以要开会为由走开了。

第三天,李超然前去广盛公司。虽然天气依然炎热异常,但李超然仍然穿着正装和皮鞋,并特意佩戴了印有公司名字的胸牌。接待他的仍然是那个行政经理,同样地,他也向行政经理讲述了一个"我"的故事,故事情节与王涛相似,换汤不换药。只是当他讲完后,行政经理向他仔细询问了几个关于保险的问题,然后把自己的助理叫进来,记下了他的电话号码,要他尽快为其公司人员设计险种搭配。

通过以上王涛和李超然的案例,不难得出这样的结论:

第一,顾客对销售人员和产品是陌生的,他们不像销售人员那样对产品有足够的认识,所以只能靠对人和物的第一印象来建立信任度。

第二,第一印象不好,顾客对你所讲的"我"的故事就没有信任感,而讲"我"的故事最大的作用就是通过故事让顾客信任自己,从而信任产品。而如果第一印象良好,顾客就会对你产生信任感,对你所讲的关于"我"

的故事就会产生兴趣。

所以，第一印象非常重要。不管你是否愿意，在讲"我"的故事时，第一印象起着主导的作用。

作为销售人员，我们千万不要忽视自己的外在形象，得体的穿着、干净整齐的头发、积极的状态会使我们成为一个令顾客喜欢的人。毕竟90%的人是以貌取人的，正如销售大王原一平所说，顺应以貌取人的潮流，会达到讲故事销售事半功倍的效果。

那么，我们在进行故事销售时应该如何给顾客留下良好的第一印象呢？换句话说，我们应该有着什么样的形象才会对讲我们自己的故事起到事半功倍的效果？你可以通过下面的技巧来完成：

**第一，良好的第一印象应该从着装开始**

资料显示，一个人的外在形象95%是通过服装显示出来的。由此看来，良好的第一印象首先应该从着装开始。销售人员要有良好的着装，只要把握住三个原则就可以了：

服装要适合销售的环境。很多人都认为销售人员的穿着就是"雪白的衬衣、配上笔挺的裤子，外加一条系得整齐的领带"，事实上，这种想法已经过时了。作为销售人员，我们应该根据商品的特点、讲故事的场合、顾客的特点和自身的特点等因素挑选适合的着装。

服装要干净、得体。我们向顾客讲故事时，不需要穿名牌，但服装一定要干净、得体，这一点很重要。

服装要符合顾客的审美习惯。我们去向顾客讲销售故事时，最好不要佩戴高级的手表或首饰，打扮得珠光宝气有时对故事销售会起到相反的作用。不信，就来看看下面这个故事：

段发是一个汽车零件批发公司的老板，在他推销的过程中，他发现一个问题：在他的服务对象中，90%都是小企业，这些修理厂、小企业的老板，他们都是生产一线的指挥者，从来不穿西服，穿的都是蓝色的工作服。因此，他做出这样一个决定：公司的销售人员去推销产品时都穿蓝色服装。

事实证明，段发的决定是明智的。因为销售人员穿蓝色服装大大增加了买主的认同感和亲切感，公司的业绩也有了明显的提高。

**第二，注意自己的言谈举止**

作为销售人员，如果要想在与客户交谈时塑造良好的第一印象，就必须注意自己的言谈举止，做一个讲文明、讲礼貌的人。因为一个人平时的言谈举止可以反映出这个人的态度。所以在与顾客交谈时应该尽量避免各种不礼貌或是不文明的习惯。对待顾客要积极、热情、友善。在讲"我"的故事时，要力求言辞幽默、举止大方。

**第三，高度重视顾客**

重视顾客是销售人员对顾客表示尊敬的具体表现，你重视顾客，顾客才会心甘情愿地听你讲故事。那么，如何体现对顾客的重视呢？你可以尝试以下几点：

1. 牢记顾客的名字；

2. 记清楚顾客的职务、工作职责范围等；

3. 根据顾客的年龄、职业、性别等对顾客使用尊称。比如，顾客是一位教师，你可以叫他"×老师"。

其实，给顾客留下良好的第一印象的方法有很多，但万变不离其宗，以上三点是最基本的技巧，是销售人员在讲"我"的故事时，必须做到的。当然，这样的技巧是销售人员在短期内就可以学会的，需要销售人员时时注意自身和产品形象，在给顾客留下良好的第一印象后，才可以畅快地讲"我"的故事。

第一印象相当于一把尺子，会自动为你的故事加分或减分。那么，从此刻开始，给顾客留下良好的第一印象，让你的故事像清泉一样缓缓地流进顾客的心田。

## 卖你的内在——态度、学识也很重要

讲故事来进行销售对于销售人员来说，只是他们众多销售方式的一种。但是，要想真正讲好一个销售故事却往往需要付出巨大的努力。讲故事进行销售就如同表演一样，"台上三分钟，台下十年功"。也许，一个好的销售故事只有三两句话，但它对销售人员的能力要求却是很高的。

作为销售人员的我们，从开始设计自己的销售故事，然后对顾客完整地讲述，到能够一见顾客就快速地从自己的"故事汇"里找出最好的故事，并根据顾客的需求量身定做故事。刚开始，我们只是将讲故事当作把产品销售出去的工具。日积月累，慢慢地，讲故事就像正常呼吸一样存在于我们的潜意识里，我们不再需要去见顾客之前细心设计故事，而是凭自己的直觉就能快速感知：面前的这位顾客真正的需求是什么？他需要听什么样的故事？

讲好销售故事难道只是一项舌绽莲花的技能吗？当然不是。讲故事，尤其是对顾客讲"我"的故事时，对我们的内在是有要求的。讲我们自己的故事，除了卖你的"外在"，同时也在卖你的"内在"，让我们来了解一下讲好销售故事的内在要求。

**第一，对顾客热情**

先来看一个案例。

有一位销售人员，刚刚进入销售行业，没有什么经验，对产品也不是很了解。然而，让人感到意外的是，他却做成了一笔又一笔买卖。原因在于，他用自己的热情感染了顾客。两年过去了，这位新人成了一名销售老手，经验丰富、精通业务。可是这时，他的业绩却反而平平。这是为什么呢？原来经过几年的磨炼，他热情的火苗慢慢减弱，于是，他对待顾客不再那么热情，当然也就没有原来那样好的业绩了。

这个故事是很多销售人员销售经历的真实写照。作为销售人员，我们必须热爱自己的工作和自己销售的产品，如果连自己都不喜欢，你凭什么让顾客喜欢？热情，对于故事销售来说，永远是摆在第一位的。只有对顾客热情，把顾客当作你的朋友、亲人，然后再用故事去感染他们，你的销售才可能成功且持久。所以，燃烧你炭火一般的热情吧！用你发自内心的热情去感染每一位顾客。

**第二，提升自己的内在魅力**

作为销售人员，我们都希望顾客把自己当成值得信赖、为他们解决问题的专家，而不只是一个推销者。要达到这个目的，我们就要努力充实自己，提升内在的魅力。销售人员在充实自己时，要注意两个方面：

一是专业知识。主要包括我们从事行业的专业知识、所销售产品的专业知识。这是每个销售人员所必须掌握的知识；

二是社会知识。主要包括其他方面的知识，像文艺、体育、历史、政治等，这些都是我们讲故事的素材，也可能是顾客的兴趣所在。

我们除了要掌握专业知识外，还要用别人所欠缺的知识来增加个人魅力。只有这样，在向顾客讲述我们自己的故事时，顾客才会被我们的内在魅力所折服。

**第三，要有积极的人生态度**

作为销售人员，我们应该具有积极的人生态度，坦然地面对销售的失败和挫折，我们千万不要把自己的坏情绪带到销售中去。在面见顾客之前，想办法让自己容光焕发。你会发现，你的状态看起来越积极，你所讲的故事就越能得到顾客的信任。

你为什么卖不出去产品？你的销售故事为什么不能让顾客信服？想想看，是不是你的内在魅力还不够？从现在开始改变，为时不晚。

## 故事要具有激励的力量

当我们走在大街上，会发现到处是让人激动的广告，到处都是演讲家，他们激情四射，创意十足；他们的表演令人眼花缭乱，难以判断真假。竞争如此激烈，我们怎么才能做到让人们相信我们讲的故事？

方法就是：让听到我们故事的人，从内心深处产生一种强烈的受到激励的力量。

在美国，有句话是这么说的："在美国，你随便扔出一个物品，都可能砸到一个与广告有关的东西。"这句话一点都不夸张，在今天的中国，也是如此。我们生活在一个信息爆炸的社会，故事遍地都是，人们面临着选择的困难。这么多的故事充斥在耳边，活跃在眼前，竞争是如此激烈，可人们究竟能记住多少呢？说出来会吓你一跳，只有很少的几个。

其余的都去哪儿了？结果是残酷的——都被遗忘了。

怎样让我们的故事挤进这少数之列，就是我们要做的工作。人们爱听故事，当然也爱听好故事。好故事的标准是什么？你想一想，现代人最缺乏什么呢？现代人生活得很累，他们压力很大。谁能激励他们？谁能鼓舞他们？谁能让他们拥有信心，让他们积极地看待生活，对待工作？谁的故事可以使人释放压力，重整旗鼓，谁就赢了！所以，好故事的标准就是能激励他人。

在销售同质化、市场同质化的激烈竞争形势下，讲一个激励故事的难度也在不断增大，但也更加凸显出故事销售的价值。我们若能在这方面创造出属于自己的"经典故事"，就可以获得更多的关注以及免费传播的机会，来影响更多的顾客。

那么，究竟我们应该如何讲出一个激励他人的故事呢？你不妨从以下几方面入手：

**第一，讲述自己的故事，让人感同身受**

先来看一个故事。

一个卖高端净水设备的公司有 A 地召开新品发布会，公司的产品虽环保又能高质量地净化水源，但这类产品在当地的售价是比较昂贵的，一套往往就需要十几万元人民币。在这种情况下，说服当地的用户就显得非常困难，因为当地的经济基础比较薄弱，企业和普通用户是很难拿出这么多钱来买一台净水设备的，而且还不知道它的实用价值有多大。

在发布会上，台下坐了不少这个地区的潜在客户。公司老板先讲了一个自己到 A 地旅游的故事。他的故事是这样的："我每年都来 A 地待一个月，和当地的人们一起生活吃住，有时也到山里的景区去转转。西藏是一个美丽的地方，总让人产生在这里定居的冲动。这几年下来，我发现了一个令人气愤的现象，为什么来这儿旅游的旅客到处扔矿泉水瓶，污染当地的环境？每一条去景区的路上，或者景点的周遭，草丛中，水沟里，戈壁上，空水瓶子随处可见，给清洁工人增加了工作难度。但同时我又想，为什么这些人宁愿自己带水或者去超市买 4 块钱一瓶的矿泉水，也不喝当地提供的原生态的山泉水呢？我们知道那些泉水其实很干净，也有益于健康，但人们为什么不想喝……"

这个故事顿时就使 A 地的许多客户产生了强烈的共鸣。因为这位老板讲的是实情，水对生活、工作和旅游都无比重要，没有水，人活不了一个星期。既然水这么重要，为何不让它更干净一些？如果能将 A 地地区的水质整体提升，那将是一项了不起的惠民工程，也有利于振兴旅游事业。故事讲到这里，自然而然地引申到了他们的净水产品上。

这个老板聪明地选了一个客户容易接受的话题。确切地说，这就是感同身受。人们听了以后，觉得他说得很对。当你在看到这个故事后，是不是也想对他竖起大拇指？如果是的，那么他的净水器生意一定能在 A 地打开突破口。

要想我们在讲述自己的故事时让人感同身受，就得与听故事的人产生共鸣，同时也要讲人们关心的问题。关注度与共鸣度至关重要，它决定着销售的成败。

**第二，激励人心**

在自己的故事中体现对于生活和工作的积极向往，帮助人们摆脱迷茫、颓废和失望的情绪，让他们重拾信心，注入新的力量。

**第三，引发模仿**

一般的故事人们过目就忘，优美的故事让人们念念不忘，但最好的故事则是被人模仿，引发跟风和传播的狂潮。从故事的主题到故事的价值观，如果你的销售故事让人纷纷学习甚至抄袭，你就获得了巨大的成功。但需要注意的是，我们的目标是激励人心，打动客户，而不是让自己成为行业中令人侧目的异类。所以，故事的市场价值永远是我们关注的核心。

**第四，植入梦想**

我们可以在讲述一个故事的同时提供给人一个梦想的选择，比如运动、消费观念甚至行业的选择。如果你能影响人的梦想，你就具备了植入信仰的能力。这是最高级的故事销售。这很少有人做到，你愿意尝试一下吗？

## 看准时机，让故事更有利

在开始阅读本节之前，我们先来试想这样一个场景：

在一个人潮汹涌、接踵摩肩的商场里，到处充斥着各种声音。一个满头大汗的女人提着一大堆购物袋急急忙忙来到你的专柜前，想要了解商品信息。作为销售员的你，为了把商品销售出去，花了3分钟来向这位顾客讲述一个销售故事。

你猜结果会怎么样？也许这位顾客会打断你的故事，直接转身走人。

也许，她会直接提出购买要求。我们一起来分析一下这位顾客来到专柜前的多种可能：她提着很多东西还来到你的专柜前，显然是对商品有购买倾向。然而她很着急，说明她想要购买商品，而不只是想逛逛。这时候，不要说你的故事长达3分钟，就是30秒她都嫌长，她的注意力根本集中不起来。所以，此时此刻，她不需要听任何销售故事，你只需要把商品卖给她即可。

显然，故事销售并不适合这个场景。在这种场景下，我们的故事即使完美无缺，也不能让顾客安静地倾听。究其原因，就是我们没有掌握好讲故事的时机。

对于故事销售来说，会讲故事未必都能讨巧。现实中，往往会讲故事的销售员，不如会看时机讲故事的销售员。因为在恰当的时机讲出最恰当的故事，才能产生事半功倍的销售效果。

销售讲故事要讲究时机，这不仅能表现出你对对方的一种尊重，更能让你讲出的故事发挥出最好的效果。为什么在一些商业活动中，有的人讲故事就能顺利签单，有些人就没有那么容易，这与他们讲故事的技巧以及是否懂得把握时机去讲述有很大的关系。不论我们的目的是什么，在我们向对方开始讲述的时候，首先要明白，此刻对方是否有心情听你说话，对你的故事有没有兴趣。只有当对方愿意听你讲，并对你的故事很有兴趣时，你的故事才会产生应有的效果，否则还不如不讲。

销售讲故事需要技巧，但也要懂得把握时机，这样我们的故事才能发挥更好的效应。看准时机，适时地将自己的故事讲出来，这也需要智慧与历练。当机会到来的时候，我们如何把握，如何恰如其分地讲出我们的故事是很关键的，而好的时机是稍纵即逝的，那么何时才是最恰当的时机，我们如何去把握这样的机会呢？

一般情况下，成年人能集中精神的时间大约是7分钟，之后他们会情不自禁地开始走神，不能集中精神。所以，我们在向顾客讲故事时，一定要掌握好最有效的时间。那么，作为销售人员的我们，如何掌握好讲故事的时间呢？

销售人员在向顾客讲故事时，应该把时间控制在3~5分钟，最长不能超过7分钟。在这段时间内，我们所讲述的故事必须有一个小高潮，可以让顾客笑、哭、恐惧或思考等，以达到让顾客购买产品的目的。

当然，如果我们的故事设计得实在太好了，以至于要讲半个小时才有效果。那么，建议你把这样的故事做成广告故事吧。就像飘柔的广告故事那样，每一集都可以独立成篇，观众可以从任何环节切入都能感受到故事所传达出来的意境。

中篇 进阶篇

# 销售讲故事的三颗心
—— 好奇心、同理心、利害心

在上一篇中，我们了解了如何正确地讲述故事的技巧。可是，仅仅做到这一点是不够的。因为讲故事的最终目的是调动顾客的购买热情。

要调动顾客的购买热情涉及讲故事的三颗心：好奇心、同理心、利害心。一个好故事的讲述与这三颗心密不可分，而要培养讲故事的技巧，也要关注这三个部分。

# 第四章

## 好奇心：开头有悬念、过程有起伏、结局有启发

### 讲故事为什么需要好奇心

讲故事为什么需要好奇心？

当我们向顾客讲述销售故事时，要想顾客关注我们所讲的故事，从而关注我们销售的产品，我们应该如何做？可能你会回答，让故事变得精彩，讲故事时声情并茂，等等。诚然，你回答的都是对的。但在这里想要告诉大家的是，销售讲故事要获得顾客关注，首先必须激发顾客的好奇心。

为什么？

这是因为好奇心是人类的天性，是与生俱来的，只要我们所讲的故事激发了顾客的好奇心，顾客就会产生一探究竟的心理。即便这时你告诉他，"这跟你无关"，他也会去关注它，产生进一步了解的欲望。

不信的话，看看下面这个案例。

深圳有一家专门销售儿童用品的商店。在商店的门口挂着一块黑板，上面写着：未满7岁的小朋友不能进店，成人单独也不能进店，必须要有7岁以上的小朋友陪同才行。此规定针对所有人，即使是总统也不例外。

很多带着孩子的父母看到这个规定，感到好奇，就想进去看看这个商店到底有什么不同。而一些孩子未满7岁的父母，为了进店一探究竟，也会找来朋友或同学的孩子陪同进店。于是，商店里的人每天都是络绎不绝，营业额直线上升。

这家商店销售成功的原因，答案就是商店利用一个规定来激发人们的好奇心，从而让人们产生关注和猜测，在这种心理的支配下，人们都想进店看看到底是什么样的店会有这样的规定？于是纷纷走进店，进店后随便逛逛，买点东西，顾客的购买需求就这样产生了。

看到这里，你也许会说：这不是讲故事销售啊？是的，上面这个案例并不是讲故事销售，但之所以把这个案例讲给大家听，是为了让大家明白销售讲故事为什么要首先引起顾客的好奇心。

那么，接下来，我们来看一个利用好奇心讲故事销售的案例。

在北京有一家专卖胶黏剂的商店，老板为了推销新产品——"强力万能胶水"想出了一个方法。他用K金打制了一个五角钱大小的金币，然后用"强力万能胶水"粘在商店的墙壁上，接着在旁边用海报写了一个简短的故事："亲爱的顾客，我的小女儿在玩耍时不小心用强力万能胶水把金币粘到了墙壁上，谁能徒手把这枚金币弄下来，金币就归谁所有。"

当人们看到海报后，跃跃欲试，一时间，商店门庭若市，来弄金币的人甚至在商店门口排起了长队。然而，一周过去了，没有一个人能成功地把金币从墙壁上弄下来。于是，这款"强力万能胶水"的名气就传开了，许多听说这款胶水的顾客甚至专程到他的商店购买。

这就是为什么销售讲故事要抓住人们的好奇心的原因。如今是个眼球经济时代，除了产品的竞争，我们还要进行眼球的竞争，而眼球的竞争就是吸引人们的关注力，关注你的人越多，产生的效应就会越高。要吸引人们的关注，我们就要像上面这家专卖胶黏剂的商店一样，对顾客讲一个能激发他们好奇心的故事。

那么，如何讲一个令顾客好奇的故事，这就是我们接下来要关注的问题。对于这一点，这里很少有放之四海而皆准的方法，不过以下指导方针可供参考。

**第一，拒绝讲庸俗的故事**

要想讲一个能激发顾客好奇心的故事，首先要拒绝庸俗，讲所有人都知道的故事，毫无悬念和启发。很多销售人员为了讲出一个吸引人眼球的销售故事，也卖力地去这么做了，但手法却庸俗甚至下作。这种故事固然引发了人们的好奇心，吸引了关注，却付出了自身名声受损的代价，是不值得的。所以，不管是商家还是销售人员，我们在讲故事进行销售时，要激发顾客的好奇心，但必须要拒绝讲庸俗的故事。

第二，深入挖掘

在讲故事进行销售过程中，我们应该尝试运用逆向思维，巧妙地利用人们的"好奇心理"来深入挖掘顾客的兴趣，刺激和扩大这一"兴趣区域"，放大好奇心。如何深入挖掘？方法就是开发人们的好奇心，再把它放射到自己的故事上，进行系列化、规模化的讲述。

比如，有些销售高手在讲故事时，并不是一次性地全部讲出来，而是分成系列进行讲述。当消费者开始感兴趣后，再每隔一段时间讲出一段，引发消费者更大的兴趣，激发消费者继续听下去的好奇心。就像飘柔在电视上讲故事销售一样，这都是对人的好奇心进行深度利用的表现。

好了，又到了本节的结尾，通过这一节的阅读，我们已经知道了销售讲故事为什么需要好奇心，在接下来的章节当中，你将学到一些非常实用的方法。那么，接着往下看吧，惊喜往往发生在最后！

## 流水账故事不如不讲

流水账故事，就像河流中的死水，让人感到僵硬、冷冷的，没有活力，不如不讲。而充满感情的故事，常常是饱含热情的，洋溢着无限的活力，能充分引起人们的兴趣。

讲述与感情是密切联系在一起的。如果我们在讲故事的时候对所讲的故事毫无兴趣，没有投入自己的情感，连自己都不能被打动，那么又怎能指望客户被我们的故事打动呢？

看到这里，相信大家已经清楚这节想要告诉给各位销售人员讲故事的技巧就是——流水账的故事不如不讲，要讲就要全身心投入。

唐代大诗人白居易曾说过一句话："感人心者，莫先乎情。"故事本身并不产生感情。让故事产生感情的是讲述者。只有讲述者全身心投入，充满真情实感，故事才会获得生命力。如果你能抓住听众的心，你就能获得最终的胜利。

销售讲故事，真情是最能触动人心的，可以在一开口就吸引顾客的注意力，使顾客保持对你的关注。销售时把故事讲给顾客听，其实就是一种说服者与被说服者之间的较量。大多数时候，顾客都会存在一定的防范心理。那么，如何消除顾客的防范心理呢？显然，防范是一种自我保护意识的体现，把对方当成了潜在的敌人。此时，全身心投入无疑是最有效的手段。

那么，作为销售员的我们，如何才能在讲故事的时候全身心投入呢？下面四个步骤可以让我们全身心投入到故事里，让顾客被我们深深地吸引住。

**第一步：要深刻理解所要讲的故事**

要想讲故事全身心投入，首先，我们要深刻理解自己所要讲的故事。理解故事所要表达的观点、故事的内涵、故事的高潮以及故事能够带给顾客什么等等。

**第二步：故事的情感有强弱之分，需要根据实际情况有分寸地把握**

故事情感的把握要张弛有度，不能过分。过分的情感，容易使人喜极而泣，或怒火中烧，或悲伤满怀。如果与故事之间的情感连接没有如此强烈，就不要牵强附会。超过了一定的度，反而会使顾客心生厌恶。因为物极必反。适度地张扬，真实地把握，将会加大表达的效果。

我们在讲故事时一定要用自己的真情实感，不能矫揉造作。在向顾客讲故事时，不能违背初心，捏造一些虚假的内容来欺骗顾客。庄子曰："不精不诚，不能感人。故强哭者虽悲不哀，强怒者虽严不威。"因此，任何捏造的内容，都有可能陷入自我矛盾的纠结中，既感动不了自己，也感动不了顾客。要保持对顾客的真诚，只有相互尊重，情感才会顺利地传递。

**第三步：要把自己化为故事中的人物**

当我们向顾客讲故事时，把自己化身为故事中的人物，在不同的故事情节中以不同的人物出现。比如，在讲述女人的故事时，我们可以发出女人该有的清脆、尖细的声音；在讲述老人的故事时，我们可以发出老人的苍老、浑厚的声音……

当然，除了化身为故事的人物，我们还可以化身为故事中的动物。比如，在讲述到小猫的时候，就学着"喵喵"叫；讲述到大猩猩的时候，就用双手捶打胸口……

**第四步：要做出正常的情绪反应**

讲故事要做出正常的情绪反应。讲快乐的故事，可以保持嘴角上扬，或者一脸的灿烂；而讲悲伤的故事，则要表情凝重，语速放缓。讲到主人公遇到难题的时候，则要表示关心或同情。只有这样，我们才能调动客户的感情，将他们引入我们的故事中，让其感同身受。

全身心投入，是一种非常有效的技巧。适度运用，可以获得很好的销售效果。没有人是完全冷酷的，也没有完全铁石心肠的人。人都渴望相互之间亲近，只要我们与别人真诚沟通，相互之间以情感作为交流的纽带，就能获得较好的效果。

## 制造悬念，吊起消费者的胃口

在现实生活中，当我们在看电视剧的时候，剧情总在最精彩的时候戛然而止，电视剧总是用"欲知后事如何，且看下回分解"来吊我们的胃口。吊胃口，留给我们的是悬念，是一种无限的想象空间。因此，越被吊胃口，我们的好奇心就会越高，就越想得到答案。

销售人员在给顾客讲故事时，如果能够制造出一定的悬念，故意吊起消费者的胃口，让消费者捉摸这是怎么回事的话，对于销售来说，会达到事倍功半的效果。这种制造悬念的策略，有时候，也被称为"饥饿营销"。

2014年年底热映的电影《匆匆那年》，相信很多人都不陌生，这部电影采用了倒叙的方式。故事一开头，一个女孩拿着摄影机对着陈寻，陈寻对着镜头说他为了一个女孩，在高考时少做了一道13分的大题，第二天一早，陈寻又和一个名叫"七七"的女孩儿同处一室，那么现在问题来了——他为了谁少做一道大题？他和那个"七七"到底发生了什么没有？

青春片不都是男的帅，女的美，校园生活一片美好，感叹青春一去不复返吗？为什么《匆匆那年》要设置悬念？其实，设置悬念就是吊足观众胃口，然后通过突然的真相，让观众恍然大悟，印象更深刻，也为主角们最后的结局感到遗憾。只有这样，观众才会看下去。

《匆匆那年》告诉我们一个重要的信息，那就是，人皆有好奇之心。越是吊胃口的事物，人们就越感兴趣。如果能够一直吊起消费者的胃口，引起他们的兴趣，销售成功就指日可待了。

销售就是一场心理战，需要一定的技巧，揣摩对方的想法。在向顾客讲故事的过程中，我们可以利用消费者的好奇心，在故事中留悬念，吊起顾客的胃口，这样顾客才会持续关注。

俗话说："好奇杀死猫。"实际上，好奇并不会杀死猫，但是却能俘获好多消费者的"芳心"。只要悬念足够吊人胃口，就能吸引不少消费者。

曾经有一家电视台播放的一则广告故事就用吊胃口的方式引起了不少人的好奇心。

电视上黄金时间出现了这样一则广告：在黄沙满地的大西北，一条公路仿佛通向天边，人烟稀少，路边一个年轻人不停地伸手放下，再伸手再放下，他想搭顺风车。这时，一辆汽车从远处开过来，停在小伙子前面，里面坐了5个人。他问："你们知道马师傅吗？他来了没有？"全车人一脸不知所云："马师傅是谁啊？他是做什么的？他长什么样子啊？"小伙子还是没上车，一车人带着疑问走远了。

不仅如此，电视观众也在纳闷：谁是马师傅？这位马师傅到底是干什么的？广告怎么没有说明白呢？

第二天，同一时间，同一频道，同一广告，马师傅如约而至。大家以为今天会有什么不同，希望找出一些"马师傅"的端倪，可是什么都没发现。这时，大家的好奇心越来越浓，甚至有人去网上搜索"马师傅"。很长一段时间里，"马师傅"都成了人们茶余饭后的谈资。

大概一个月后，大家期盼已久的"马师傅"终于浮出水面，原来，马师傅是马来西亚一家石油公司产的润滑油，"马师傅"神秘的面纱终于被揭开了。

其实，吊胃口这种事情很好理解。很多人喜欢看韩剧，其每一集总在最高潮的地方结束，然后播放几十秒的下集预告，人们通过下集预告知道了下集情节是什么，却又不是特别清楚要发生什么，然后，怀着种种猜想，等待下一集的到来。

在销售中，我们要为故事制造悬念，吊足消费者的胃口。目的就是吸引消费者的关注，消费者就会来询问产品的具体情况，然后耐心地听我们介绍产品。

但是，在设计故事情节、处理悬念的时候要注意，一定不要让观众觉得你在故弄玄虚，这样反而弄巧成拙，悬念一定要有创意，揭晓的时候要让消费者眼前一亮。这个结局一定既要在意料之外，又要在情理之中。

那么，我们究竟应该如何讲故事，才能吊起顾客的胃口，激发他们的好奇心呢？以下有三个方法可供销售人员学习和使用。

**第一，显露价值的冰山一角**

就像"冰山学说"一样，我们往往不要忽视水面上的那冰山一角。销售讲故事也是如此。在向顾客讲故事的过程中，我们不要把自己的产品和服务都设计在故事情节里，讲给顾客听。与其不断追着顾客"灌输"给他们信息，还不如稍微吊吊他们的胃口，让他们自己来主动发挥更多的能动性，这样对你的销售会更有成效。

**第二，利用新奇的东西**

对于新奇的东西，人们都会产生极大的好奇心，想一睹为快，顾客也是这种心理。所以，在向顾客讲故事时，要尽量向他们讲一些新鲜的事情，提供一些新奇的东西，这样顾客才能对你和产品更感兴趣。美国的"花招先生"乔·格兰德尔就是一个善于利用新奇的东西讲销售故事的好手。

乔·格兰德尔是美国一位非常成功的销售员。他为什么会被称为"花招先生"呢？原因就在于他在拜访顾客的时候，常会把一个3分钟的沙漏计时器放在桌子上，然后告诉顾客："请听我讲3分钟的故事，当最后一粒沙子穿过玻璃瓶后，你再决定是否愿意再听我继续讲下去。"他就是这样向顾客讲故事，进而成交。

**第三，利用从众心理讲故事**

细心的销售人员可能会发现，人们在购买东西时，往往会有一些从众心理。因为从众心理会让顾客内心产生一种安全感，认为大多数人购买的商品质量一定是好的。我们在向顾客讲故事时不妨抓住顾客的这种从众心理，来吊顾客的胃口。比如，当我们在向顾客讲故事时，不妨先抛出一个"诱饵"，告诉顾客："我的这个故事，很多像你这样的顾客听了以后，会立刻购买产品……"这句话往往会让顾客感到好奇，会认真听我们讲故事，因为他想弄明白到底是什么样的故事让这么多人听了以后会下决心购买产品。

在讲故事时，运用以上技巧给故事制造一个悬念，吊消费者的胃口，就能让自己的销售成功。想象一下，顾客因为你设置的悬念而感到好奇，追着让你讲接下来的情节，这对一个销售员来说，是多么美好的事情啊。你的业绩将在此刻发生变化，你的产品可能就在此时销售出去。多值！

## 把同一个故事持续地讲下去

当销售人员读完本书的前两篇后，开始积极地采用讲故事销售的策略，通过讲故事把产品成功地销售给了顾客。一开始，我们都会觉得这种策略简单易行，且屡试不爽。然而，一段时间后，一些销售人员就会发现，销售讲故事简单易行，效果也很好，可就是有一个弊端——每做一次销售活动，我们都要绞尽脑汁地再想一个故事。

为什么要再想一个故事呢？因为销售人员认为每次都讲同一个故事，对顾客没有持续的吸引力，不能激发顾客的好奇心。

有这种想法的销售人员就大错特错了。因为把同一个故事持续地讲下去，比每次都换不同的故事，对销售有着更大的意义。

那么，意义是什么呢？

把同一个故事持续地讲下去，其主要意义在于强化和扩展产品或者服务的精神内涵，从而延续产品或者服务的生命。

现代奥林匹克运动会诞生的故事就是一个很好的典范，我们一起来欣赏一下这个故事。

394年，古希腊奥运会被禁止。沉睡了1000多年之后，14~18世纪，人们对古希腊奥运思想开始关注起来。18世纪初，英、法、德等国的一些学者、专家，开始前往奥林匹亚访问、勘察，并发现了许多关于古奥运会的史料和文物，激发了人们对古奥运会的浓厚的兴趣。

1883年，顾拜旦首次提出要继续举办现代奥运会，他希望古希腊奥运会精神能够被传承下去，并传承到世界的各个角落。尽管一开始他的提议遭到了许多党派的反对，但在他的坚持和努力下，1894年6月16日，在法国巴黎大学召开了第一届"重建国际奥林匹克运动会国际会议"，有20多个国家参会。

会议做出决定，将于1896年在希腊首都雅典举行第一届现代奥林匹克运动会。当希腊人听说了这个决定后，激动万分。1896年，当第一届现代奥林匹克运动会开幕时，出席的观众竟达到8万多人。这一数字直到1932年洛杉矶奥运会才被突破。

从此以后，奥运会成为世界性体育盛会，顾拜旦也成了现代奥林匹克运动会的发起人。

如今，随着每4年一届的奥林匹克运动会的举行，这个故事也一遍又一遍地被人们重温。在这个案例中，我们可以这样考虑：现代奥林匹克运动会诞生的故事就是一个销售故事，而现代奥林匹克运动会则是其故事要销售的产品。正是销售故事的持续传播，使得奥林匹克精神广泛为人们所接受，才最终使奥林匹克运动会成为举世瞩目的运动盛会。同时，这个案例也很好地诠释了把同一个故事持续地讲下去的意义。

说到这里，问题又来了，那么销售讲什么样的故事才能持续地讲下去呢？是不是任何一个故事都可以持续讲下去呢？

答案是，并不是所有的故事都能持续地讲下去，只有那些具有持续力的故事才能被销售人员讲下去。具有持续力的故事有两个标准：

**具有持续力的故事的第一个标准：生命力**

说到生命力，大家对麦当劳叔叔的形象十分深刻吧？在麦当劳的销售中，麦当劳被说成是一个带给孩子们欢乐和美味可口的食物的可爱叔叔。麦当劳利用麦当劳叔叔的故事展开各方面的销售活动，吸引了许多儿童及家长到麦当劳就餐。

麦当劳叔叔的故事就是一个具有强大生命力的故事，其强大的生命力主要在于塑造了麦当劳叔叔这样一个形象鲜明的人物，然后再讲述跟这个人物有关的故事时，这个故事也就具有了强大的持续力了。

和麦当劳一样，通过塑造一个形象鲜明、生命力强的人物，来使销售故事能够持续下来的著名案例有很多。比如，米其林轮胎公司塑造的必比登、强生公司塑造的威猛先生、劲量公司塑造的劲量兔子等。

通过麦当劳叔叔等著名的案例，我们可以得出这样一个事实：一个有着强大持续力的故事必然也有着强大的生命力。我们可以从以下两个方面来赋予我们所讲的销售故事生命力：

在故事中塑造一个鲜活的人物形象；

故事情节要真实可信，不要天马行空地随意编造。

**具有持续力的故事的第二个标准：魅力**

陈程是一个负责销售攀岩鞋的销售员。一次，他给一位攀岩运动员顾客讲了这样一个故事：一只小蜗牛在山崖下努力向上爬，它的速度很慢很慢，但却一直不停地向上爬着。在蜗牛到达山崖顶上的时候，它伸出自己的脚，发现自己的脚没有受一点伤，于是低下头来亲了亲自己的脚。最后，陈程说道，蜗牛之所以能登上山顶，源于有一双好脚。而运动员也应该穿上一双好的攀岩鞋，也能像蜗牛一样勇攀高峰。

陈程讲的这个故事是一个非常有魅力的故事，蜗牛的顽强精神与攀岩运动员的勇攀高峰的精神是异曲同工的。该故事很好地传达出此种攀岩鞋拥有极强的攀附力的特点，同时，也表现了一种积极向上的精神。有了这种精神魅力之后，这个故事也就具有了强大的持续力了。

通过宣扬一种人们追求的精神，从而使销售故事具有强大的魅力，进而持续下去的著名案例还有迪士尼公司塑造的米老鼠的故事，它宣扬的是从不沮丧、永远乐观的精神。

于是，我们又可以得到这样一个故事有无持续力第二个标准：一个有着强大持续力的故事必然也有着强大的魅力。我们可以从以下两点来使自己的销售故事具有强大的魅力：

故事要表现积极向上的精神；

故事要表现人类共同的情感诉求。

当我们向顾客讲故事时，不用每次都绞尽脑汁地想如何通过讲不同的故事来吸引顾客，激发顾客的好奇心。我们可以讲一个具有生命力和魅力的可持续故事，让这个故事来帮你强化和扩展产品或者服务的精神内涵，从而达到销售产品的目的。

听起来是不是很兴奋？那就赶快设计一个有持续力的故事吧！

## 让声音具有感染力

作为中国历史上第一部有组织、按计划编写的文集——《吕氏春秋》，里面有一句话，值得我们好好学习。这句话是："故闻其声而知其风，察其风而知其志，观其志而知其德。"意思是说，听一个人说话的声音就知道这个人的风度，观察这个人的风度就知道他的志向，知道了他的志向也就知道了他的德行。

把这句话应用到如今的销售讲故事中，我们可以这样理解：不管销售人员讲什么样的故事，一切都要通过其语言传达给顾客。一个成功的销售人员，说话要显得精力充沛，富有吸引力，才能给客户带来愉快的情绪。所以，作为销售人员，当我们向顾客讲故事时，必须让我们的声音具有感染力。这就好比一档好看的电视节目，要有精彩的画面和悦耳的音效才能吸引观众。如果只有画面，没有音效，观众是不会花时间去观看的。

相信很多人都听过广播剧，关于"利用声音讲故事"，广播剧做得非常出色。故事的朗读者往往通过模仿各种声音，来传神地讲述各种故事。比如讲到司机按喇叭，就会模仿"嘟嘟嘟"的声音；讲到起风了，就会模仿风声；讲到动物，也会模仿动物叫的声音。有了这些元素，故事就会变得更生动、更真实，让读者有听下去的欲望。

戴尔·卡耐基曾经是国际函授学校丹佛分校的一名销售员，任务是销售学校的各种培训课程。他是一名通过讲故事来销售的高手，下面我们一起看一看他是如何讲故事进行销售的。

一天，戴尔·卡耐基走在回家的路上，碰到一位架线工人正在电线杆上作业。当卡耐基走到工人下面时，恰巧他的钢丝钳掉到了地上，卡耐基便捡起钢丝钳，抛给工人。接着，卡耐基用非常真诚的口吻仰着脸向工人打招呼："嗨，朋友，做这行可不容易呀！"

"是啊！不是为了生活，没有人愿意做这行，既辛苦又危险。"工人一边工作一边回答说。

"我有个朋友也是做这行的，可是他却觉得做这行非常轻松。"卡耐基开始讲故事，在讲这句话的时候故意提高了声调。

"轻松？为什么呀？不可能的。"工人停下手中的活，看着卡耐基，等着他继续讲下去。

"他啊，以前跟你一样，觉得这行太辛苦又危险，可是最近发生了一件事情让他改变了这个看法。"卡耐基用很轻松的声音继续讲道，然后停下来，不再继续讲下去了。

那个工人听到这里，迫切地想知道是什么让卡耐基的朋友改变的，于是他从电线杆子上爬下来。这时，卡耐基才用肯定的语气继续讲："其实也不是什么特别的方法，就是有一门培训课程，我的那个朋友去学了以后，工作起来就容易得多，他就觉得这份工作其实很轻松。"

然后，卡耐基向工人详细介绍了培训课程的大纲和特点。最后，卡耐基说服那名架线工购买了一门电工培训课程。

我们一起来分析一下卡耐基讲故事的技巧：首先，当卡耐基听工人说做架线工作不轻松时，他故意提高声调讲故事，他之所以提高声调是为了吸引工人的注意力；其次，当讲到"有一件事改变了他的"时候，他停下来，是为了吊工人的胃口，让他着急想知道后面的事情；最后，在讲"改变的理由"时他用肯定的语气，是想给工人产生积极的效果，让他相信培训课程确实可以改变自己。就这样，卡耐基讲故事时用富有感染力的声音和语气，轻松地赢得了一份订单。

讲故事的声音和语气，是体现销售人员的态度、个性、情感、德行等起伏变化的传播载体。从我们说话的声音、语调中，顾客可以判断出你是一个诚实厚道、风趣幽默的人，还是一个阴险狡猾、呆板保守的人。所以，我们讲故事的声音和语调能否吸引顾客，是否具有感染力，是销售能否成功的关键。

一个通过讲故事来销售的高手，总会利用自己的声音让故事变得生动有趣，让顾客能身临其境地感受到故事发生的过程。让客户通过我们的语言描述，不仅听到，更要"看到、摸到、闻到、品尝"到我们所讲的故事，我们的故事才能够让其产生无限的好奇心，这样客户自然而然就会进入故事的世界。

然而，在现实生活中，不同的人，音质、音调各不相同，在向顾客讲故事的过程中，我们如何保持说话的最佳感染力呢？下面教给你一些技巧：

**第一，发音要准确，吐词要清晰**

当我们向顾客讲故事时，发音要准确，吐词要清晰。因为只有清晰的讲述才能让顾客听清楚、听明白我们讲的是什么。同时，吐词清晰也是销售人员最基本的沟通技巧。作为销售人员，如果我们的普通话不标准，还带有浓厚的地方口音，那么，我们就要注意训练自己的发音，让自己的发音准确，吐词清晰。语言表达是否清晰，普通话的流利和标准与否，都会直接影响销售人员讲故事时的感染力。

**第二，语速要调节，语言要流畅**

讲故事的语速也会影响声音的感染力。当我们向顾客讲故事时，如果语速过快，顾客可能还没听明白我们讲的内容，我们就已经讲完了；反之，如果我们讲得太慢，顾客也没有耐心听下去。所以，讲故事的语速要根据顾客的具体情况和故事的情节来调节，才能获得最好的效果。

除了语速以外，我们在讲故事时还要注意语言的流畅性。通常来说，一个把故事讲得很流畅的人，说明他是个思维敏捷的人。另外，讲故事时语言流畅也可以让顾客看到我们的自信，从而赢得顾客的好感。

**第三，恰当地运用停顿**

我们向顾客讲故事时，恰当地运用停顿有四个显而易见的作用：

一是可以让自己的思路更加清晰，对接下来的故事情节更有把握；

二是观察顾客对自己所讲的故事是否有兴趣；

三是停下来会激发顾客的好奇心，促使顾客提问，主动参与到我们的故事中来；

四是让顾客与我们产生互动。

在讲故事的过程中，令很多销售人员头疼的一个问题就是：不知道顾客是否在听我们讲？现在就帮大家解决这一个问题：在讲故事的过程中恰当地停顿一下，停顿的时候，我们可以观察顾客的反应，如果顾客感到奇怪，示意你继续讲下去，那么说明顾客在认真听你讲故事；反之，如果顾客毫无反应，那么说明你的故事对他来说毫无兴趣。你也没有继续讲下去的必要了。

到此为止，关于如何让故事变得有感染力的方法你已经知道了很多，但你知道以上介绍的内容中最重要的是什么吗？答案是——立即行动起来，到实践中去运用。让故事具有感染力并不难办，行动起来，越早越好。如果你没有真正地去运用，那么刚才看这些内容所花的时间就纯属浪费你的时间和精力。能够让你的顾客听你讲故事就像他在看最喜欢的电视节目那样，那么，你的销售就成功了一大半。

## 故事的魅力，不在多，而在于精

在日常生活中，有些人虽然说话不多，但总能以简练、精辟的语言让听众眼前为之一亮，继而兴致勃勃地与他交谈。正所谓"要言不烦"。简约而不简单的故事，才能让众人百听不厌，很久后都记忆犹新。

在很多场合，闲言碎语式的故事是很少有效果的，而简约的故事却常常能够起到意外的动人的作用。因为在很多时候，人们没有时间，更没有耐心去听长篇大论。于是，简约的故事更受欢迎。在讲一个简约的故事的过程中，将产品信息传递出去，顾客也能够轻易地理解。在这种情况下，双方都会处于融洽的氛围中。

作为销售人员，对于我们来说，最重要的事情是：我们要通过什么方式把我们所销售的产品变成顾客的需求呢？答案就是通过讲简约的故事。因为这样的故事往往能够高度凝聚品牌最重要的独特销售主张，能够最省力、最直接、最准确地捕捉消费者的心理需求。

在所有的销售故事类型中，简约的故事是最能在瞬间吸引人的眼球的。有时候，只有一句话，但就是这一句话，凝聚了整个产品的形象和卖点。比如，被人们熟知的苹果的"活着就是为了改变世界"、OLAY的"最美的你"、海尔的"真诚到永远"等。这样简约到只有一句话的故事，成为它们独特的品牌象征。

下面，我们一起来看两个简约到只有一句话的故事，分析故事的成功原因，从中学习它们讲故事的经验。

**故事一："钻石恒久远，一颗永留传"**

这句话是钻石品牌戴比尔斯的广告语。但在这句广告语中，也潜藏了一个与爱情有关的故事。这就是在本书的第一篇第二章讲的通过广告讲故事。如果看到这里时，你想进一步了解通过广告讲故事的真谛，那么你可以回过头去看看前面的章节。接下来，我们继续本节的内容。

在戴比尔斯讲这个故事之前，钻石只是一种财富的象征，与爱情毫无关系。大约在20世纪上半叶，由于经济萧条的原因，使得原本是奢侈品的钻石走入大众市场。为了推销钻石，戴比尔斯经过设计，将钻石的坚硬与爱情的坚贞巧妙地联系在一起，讲出了"钻石恒久远，一颗永留传"一句话故事。就是这样一句话，让钻石成了爱情和婚姻的必需品，毕竟对于消费者来说，谁不期望有一个像钻石一样坚贞不破的爱情和婚姻呢？

**故事二：最"安全"的车**

如果要问大家什么汽车最贵、什么汽车马力最强，可能每个人的回答都不尽相同。但如果要问大家什么汽车最安全，可能得到最多的答案就是：沃尔沃。沃尔沃为了推销该品牌的汽车，给消费者讲了一个"安全"的故事，这个故事虽然只有一句话，但却已经成为所有对汽车稍有了解的人的基本共识。一辆汽车即使马力再强、外观再好看、再能代表自己的身份也比不过行驶在马路上时的安全重要。所以，这样简约的故事因为抓住了消费者的心理，使得很多消费者为了自己和家人的生命安全着想，选择了沃尔沃。

在如今信息泛滥的时代，人们在接收信息的过程中，容易产生信息疲劳。这个时候，特别是在我们向顾客讲故事时，长篇大论往往不能够引起其的注意力，而短小精悍的故事却能使人警醒。许多时候，故事的魅力，不在多，而在于精。精悍的故事虽短，却包含大量的信息，也容易被人接受。

简约的故事之所以能够有如此效果，主要在于它强调了功能性。上面的两个一句话故事都很好地将产品与功能挂钩，使得我们一看到这句话，立刻就能想到它们的产品。

事实上，要让我们的故事简约而精，并不是一件容易的事。我们要讲出简约而精的故事，至少要抓住以下三个要点：

要点一：要在用词不多的前提下，把故事的关键表达清楚；

要点二：故事要始终紧扣主题，不能跑题，也不能说废话；

要点三：仅简明扼要还不够，必须字字精妙，否则就不会产生惊人的效果。

我们只有抓住了上述三个要点，才能让每个字都产生惊人的效果。如果听者无意的话，说者就算是口吐莲花，也只是"话不投机半句多"。要一开口就马上吸引住对方，令其有兴趣地继续听下去。若想实现这个目标，我们需要注意两个方面：

**第一，故事的开场白一定要直击顾客最关心的"痛"，让顾客一听就对下文感兴趣**

俗话说："万事开头难。"对于销售讲故事来说，没有惊艳全场的故事开头，顾客可能就不会给你讲故事的机会。纵然你讲得头头是道，若是不能以最扼要的方式直击关键，顾客就会觉得你思路模糊、不得要领。

**第二，接下来的故事要与开头环环相扣，用严密的逻辑讲清楚故事的关键**

相信大家都看过很多战争电视剧，在战斗中，尖刀班负责打开突破口，如果主力部队不及时跟进的话，这个突破口很快就会被堵上。故事的开头就好比是尖刀班，真正的重头戏还在后面。光是开头惊艳绝伦，后续的故事不能做到"简约而精"的话，只会给人留下虎头蛇尾的印象。到头来，依然无法让人百听不厌。

成功的销售不在于你知道多少，而在于你做了多少，用简约的故事去实践吧。接下来，就是见证奇迹的时候了。

## 讲故事不是一件特别严肃的事

　　心理学家认为，幽默是一种最富感染力、最具有普遍传达意义的交际艺术。在现实生活中，人们往往都喜欢和幽默的人交往，原因是幽默的人能带给自己轻松和快乐。在销售中，幽默也有非常大的作用。顾客对我们销售人员往往充满戒备和敌意，这时，如果我们能幽默一些，讲一个笑话，使得顾客的神经放松，就会让整个销售过程变得愉快。即使最终没有成交，至少我们也能获得良好的人际关系。所以，一个具有幽默感或善于使用幽默技巧的销售人员一定会获得顾客的欢迎。

　　同样，对于讲销售故事来说，幽默同样起着举足轻重的作用。著名销售大师原一平曾经说过这样一句话："一个故事如果不能够逗人乐，那么，这个故事其实就可以不用讲了。"在原一平看来，讲故事就是要逗人乐，销售人员讲故事并不是一件特别严肃的事。

　　阿里巴巴创始人马云在向人们讲述自己的故事的时候，并没有像传统的讲法那样讲自己如何艰苦创业和阿里巴巴帝国的成功，而是用一种轻松幽默的话语，讲述发生在自己身边的一些趣事。下面两个小故事就是马云向人们所讲述的。

　　**故事一：茅台墨宝**

　　茅台酒厂董事长季克良和马云是老朋友，邀请马云前去参观已有两年了。2011年，"五一"期间，马云终于去了茅台镇。

　　季克良全程带马云他们参观酒厂和酒文化博物馆。参观结束时，马云看到桌子上放着宣纸，便哈哈大笑。那是马云最害怕的事——留墨宝。知道推脱无望，马云"大义凛然"地写下了"天下良酒"四个字。后来，马云为了应对今后留墨宝的尴尬，心想靠苦练毛笔字一时半会儿也不会见效，于是自创了"马体",也就是画字。

**故事二:被理发**

曾经有一段时间,马云很忙,没有时间去理发。有一次上吴小莉的节目——浙江卫视的《与卓越同行》,结果人家看不下去,现场给马云剪了头发。又一次,在企业家俱乐部年会上,马云参加该节目,又是现场被剪了头发。在年度经济人物颁奖时,马云在央视直播大楼再次被现场剪了头发。马云边剪边开玩笑说:"这几个月剪头发省下不少钱。"

通过这样几个有趣的小故事,马云这位互联网"大佬"有趣的一面就体现出来了。对一个我们往往会仰视的人物,我们会觉得与其有距离感。这种有趣的故事,会显示出他们身上常人具有的甚至是"屌丝"的一面,这会让我们觉得亲切、亲近。

同样是讲故事,为什么有的故事能让人一下子着迷,能调动你倾听的入、迷的情绪?为什么有的故事,对方讲得吐沫横飞,你还是不为所动?我们知道,家长在给小朋友讲故事的时候,总是会讲得绘声绘色,为故事加上很多生动有趣的元素,这样小朋友才会乖乖地听,才不会跟家长争抢故事书。

销售故事也是一样的道理。如果一个故事不能在开始讲述的前三分钟内吸引对方的注意力,很可能就会变成一个失败的故事。我们都不喜欢和一个死气沉沉的人待在一起,都喜欢和风趣幽默的人打交道。风趣幽默的人身边也从来不会缺少欢笑和人气,而一个有趣的销售人员也同样容易得到大家的认可。

不少销售人员在向顾客讲故事时,总是一脸严肃,让听其讲故事的顾客无聊至极。既然无趣,人们凭什么在忙碌的生活中为自己平添一份无聊呢?所以,讲故事要想吸引顾客,引起他们的好奇心,你就是要逗人乐,完全不需要特别严肃。

那么,如何才能讲出一个逗人乐的故事呢?先来看一个案例。

有一个叫贵红胜的销售员,为了把自己的产品推销出去,他向客户讲

述了一个童话故事。在讲故事的时候,他跟着故事里的情节做出相应的动作,深深地吸引住了客户。他是这样讲故事的:

从前,一个大臣因为犯了错,被国王下令处以绞刑。大臣为了活命就苦苦地哀求国王:"陛下,你不能杀我啊!"贵红胜讲到这里时,做出了一副苦苦哀求的样子。然后,他又用国王严肃的语气继续说:"我为什么不能杀你?"大臣说:"因为我可以让陛下的白马飞上天!"讲到这里,贵红胜做出非常吃惊的动作,扮演国王的角色说:"真的吗?"大臣说:"真的,你给我一年的时间,我如果做不到,你再杀我也不迟啊。"于是,国王下令把大臣关起来,让他想办法让白马飞起来。

一个侍卫很好奇,问大臣:"你真的能让白马飞起来。"讲到这里,贵红胜开心地笑着讲道:"不能,但是未来一年的事情谁能说得准呢?也许国王驾崩了,也许白马死了呢?"

贵红胜讲完这个故事后,客户笑了起来。贵红胜连忙对客户说:"一年的事情谁也说不准,你还是趁早买一份保险吧?"客户被贵红胜所讲的故事逗乐了,一开心,就痛痛快快地买了一份保险。

通过这个案例,我们可以得出这样一个结论:把故事讲得逗人乐,是实现销售目的的捷径之一。

那么,作为销售人员,我们在向顾客讲故事时,如何掌握幽默的技巧呢?下面四个技巧可以给你的故事加点幽默,让你的故事更有趣味。

### 第一,用自嘲的方式讲述

在向顾客讲故事时,对于故事里一些尴尬的情节,可以用自嘲的方式讲述。比如,自嘲自己的某个缺点,就很容易妙趣横生。凭着你这种气度和勇气,顾客也不会让你孤独自笑。所以自我解嘲,让自己先笑起来,是很高明的讲故事销售技巧。

### 第二,巧妙地运用夸张来讲述故事

根据故事的特点,巧妙地运用夸张,往往能快速地吸引顾客,从而激发他们的购买欲望。比如,有个销售家庭护肤品的销售员,每次在销售时都会这样对顾客说:"我能给你讲一下我是如何让自己年轻 10 岁的吗?"虽然产品不一定能完全让顾客年轻 10 岁,但却能吸引顾客的注意,为销售人员讲述"我"的故事打开了一扇窗,同时也为销售产品打开了一扇门。

第三,设计一些带有反差的情节故事

把两种毫不相关的观念和事物放在一块儿,会形成强烈的反差,不禁让人开怀一笑。最常见的反差故事就是"蚂蚁伸腿绊倒大象",正是因为差异性,所以才让故事好笑。作为销售人员,也应该体会到这种反差对比的好处,在讲述自己的故事时,设计一些带有反差的情节进去,一定会收到令人惊喜的效果。

第四,把故事的结果转移到"意想不到"的点上

通常情况下,顾客会顺着常理去思考你所讲述故事的结尾。如果我们把故事的结果转移到一个"意想不到"的点上,就会使他们产生有趣的感觉,让顾客在会心一笑后,对你、对产品产生好感,从而产生购买动机。

诚如钱钟书先生所言:"一个真正幽默的人必定别有慧心,既能欣然独笑,又能傲然微笑,替沉闷的人生透了一口气。"也就是说,如果你想在销售中利用讲故事把产品销售出去,却又不方便直言不讳,那就借用幽默来"克敌制胜"吧!

最后,祝愿所有的销售人员,都能成为能把顾客逗乐的讲故事高手。

## 好故事是表演出来的

对于销售讲故事来说，如何讲出故事才算是一个完整的故事？

7%的情节＋38%的声音语调＋55%的动作表情，才能完整地表达出一个销售故事。也就是说，去掉7%的故事情节，剩余的声音、表情等技巧要占93%的份额！在这个定律的作用之下，一次简单的握手可能会化解一场暗中酝酿的危机；一个无心的眼神可能会扭转一场拉锯战一样的谈判；一个不经意的微笑可能会改变一个人的强硬态度。

在故事销售的过程中，如果我们对声音、语调、语气有所重视，我们就能拓宽顾客的听觉感受；如果我们对表情、肢体动作有所重视，我们就能拓宽顾客的视觉感受。而当顾客的听觉与视觉都被我们调动起来时，我们离成功的销售也就不远了。

遗憾的是，很多销售人员都忽视了此方面的训练。不难想象，如果我们对此作出训练，将会较之前多开发93%的潜力！所以，如果你想用故事激发顾客的好奇心，成功地向顾客传递出你想要表达的信息，就要在设计故事情节之余再进行表演的相关训练。

任何一个讲故事的高手都是一个表演大师。他一定会很好地调动面部表情，使其与故事内容交相辉映，以便听众能够从中得到相应的良好感受。也就是说，好故事是表演出来的。

那么，在向顾客讲故事的时候，我们应该如何训练我们的故事表演能力呢？换句话说，就是在讲故事的时候如何让自己的声音语调和动作表情融入故事中，吸引顾客呢？以下几个步骤是训练和提高我们故事表演能力的方法：

**第一步：对讲故事表情的训练**

表情与讲故事内容的配合最为方便，能够把人们内心深处的想法像镜子一样表现出来。做表情训练之前要先认识自己的表情，对镜做出喜怒哀乐等具有代表性的表情，做好后要将这几种表情录下来，然后对着视频观看你此时的表情是否真切地表现出了你的情感，然后，再对着镜子做表情的改进。

在此过程中要注意脸部肌肉的状态，以便在故事销售中加以运用。人们的心情不会仅仅只有喜怒哀乐这几种，所以相应的表情也会因为多种心情而变得丰富。再次对着镜子做出其他的像惊恐、同情、疑义、理解等不同含义的表情，同样将它们录下来，观看后再对镜练习。长此以往，我们的表情就能灵活变化，准确地表达出我们想要传递的信息，使故事更具有真实性和煽动性，也更容易感染到顾客。但要注意表情的变化要适度，不要过分夸张，否则就会显得虚情假意，而且也不雅观。

**第二步：对讲故事声音的训练**

为什么播音员的声音优美有力，这是因为他们接受过科学的呼吸方法的学习和灵活的气息变化的训练。呼吸是发声的基础，科学的呼吸方法是胸腹式联合呼吸法，而平常人们所用的呼吸法都是胸式呼吸，这种呼吸方法发出的声音比较细，而且不稳。胸腹式联合呼吸法的要领是吸气时全身要放松，吸到肺底，然后将两肋打开，呼气要稳定、持久并且注意对空气的及时补换。

除了呼吸方法，还有对共鸣方法的练习。发声练习主要以口腔、咽腔、喉腔共鸣为主，吸气要柔和而平缓，提前在丹田处将支点准备好。发声时，将上腭尽量向上提，放松舌根，后槽牙也要稍微打开，力求声音达到圆润、明亮的效果。吐字归音方面也要做好练习，这样才能使所讲的故事内容连贯，不会出现让人听不清、听不准的现象。而练好吐字归音需要吐字用力，立字充实，归音干净。长时间练习就会达到字正腔圆的效果。

### 第三步：态势语的训练

态势语是一种借助身体动作和表情手势等达到传情达意讲故事的效果的一种特殊化语言。进行态势语训练，首先从仪表入手。你的身材、样貌和穿着都在无形之中体现着你的气质与风度。留给人们良好的第一印象非常重要，这不仅体现着你个人的形象，还能够引发人们的关注，调动人们的情绪。

其次是进行姿态的训练。撑着油纸伞，婀娜地走在小巷中，那丁香一样的姑娘，是多少人心中的一道风景。其中一个原因就是，诗人赋予了她优雅的身姿。她的躯干和肢体之间相互配合与联系，形成了多姿多彩的动态剪影，引起了我们的向往与憧憬。所以在平常的站姿、坐姿、走姿等方面，我们要注意保持稳健和轻盈，而不要摇摇晃晃，不断地抖动。

眼睛是心灵的窗户，所以加强眼神的训练也是非常有必要的。俯视代表着宠爱和宽容；平视能给人们留下自信与坦率的印象；仰视则散发着尊敬与崇拜的信息。

在人的五官中，除了眼睛，嘴巴是人们五官之中最能够传递信息的器官。嘴唇开合的变化显示了不同的信息：咧嘴表示高兴、噘嘴表示不满、撇嘴表示不服。

而手是人的第二张脸，手势所表达的含义也是非常丰富的。手势分为三区：上区、中区和下区。上区在人体的肩部以上，手势在上区时多表激动、昂扬等积极态度；中区则在人的肩膀到腰部的位置，多表和气、坦诚等中性态度；下区则是人体腰部以下的位置，多表憎恶、鄙夷等消极态度。

### 第四步：情绪记忆训练

情绪记忆训练是故事表演的第一步。所谓情绪记忆训练，就是以人的情绪和情感作为记忆点，情感越充沛，记得越深刻。这种记忆可以使我们牢牢地记住，我们在当时所处情境时饱含的情感。所以加强情绪记忆的训练，可以使我们在讲故事时情感更充沛、真实，给顾客以强烈的认同感，这样顾客就更容易被我们的故事所打动。

好了，如何训练我们讲故事时表演能力的详细步骤和方法已经告诉你了，接下来，你需要做的就是：按照上述方法进行训练，一段时间后，你会发现自己在向顾客讲故事时，你的形象变得更加优雅与美丽，更容易使顾客对你产生好感与亲近感，使你赢得他人的尊重与喜爱，进而为你成功地销售产品打下坚实的基础。试试吧！

# 第五章
## 站在他的角度，讲述他自己的故事

### 观察顾客，搞明白他需要什么故事

世界上没有完全一样的人。因此，在讲述故事时，我们要观察顾客，搞明白他需要什么故事。这就是我们常说的"看人下菜碟"，看什么人，说什么话，这样讲出来的故事才有针对性，才能达到预期的效果。

我们一起来回忆这样一个场景：在你家里或公司的楼下等电梯的时候，周围的人的反应都是不同的。有的人看到电梯，直接走进去，然后马上关上电梯门，不管外面气吁吁跑来的其他人；有的人则一边进电梯，一边用手挡住电梯门，让别人都能进来；有的人从不着急走进电梯，发现电梯里的人满了，就会等下一趟；有的人即使电梯里人满为患，也会往里挤……

事实上，这个场景里每个人的表现，反映出每个人的性格特征。顾客也是一样，每个人的性格都是不一样的。作为销售人员，我们不能要求顾客为自己改变，让他们来适应我们的行为习惯。而是应该针对不同类型的顾客、不同的需求，讲出不同的故事。

要想了解顾客的性格特征，根据顾客的需求讲故事、做销售，一般需要经过以下两个步骤。

**第一个步骤：识别顾客的性格特征**

这要求我们通过接触，判断顾客究竟属于哪种性格类型，然后确定适合其性格特点的故事讲述策略。

美国心理学家弗洛伦斯·妮蒂雅根据古希腊希波克拉底的性格分类学说，对人的个性心理进行了长期的分析和研究，把性格分为最具代表性的四种基本类型，即完美型、力量型、活泼型与和平型。四大古典名著之一的《西游记》为广大读者塑造了性格迥异的师徒四人的形象，这四个人代表了四种典型的性格：唐僧，完美型性格；悟空，力量型性格；八戒，活泼型性格；沙僧，和平型性格。

关于这四种性格，有一个非常生动的诠释：如果有一个房子着火了，四种性格的人有四种截然不同的表现：力量型性格的人做的第一件事是关掉电闸，找到灭火器，马上灭火；完美型性格的人做的第一件事是思考起火的原因；和平型性格的人做的第一件事是默默地在一旁观看，不着急灭火也不着急报警，心想这些事都会有人做的；活泼型性格的人做的第一件事是大叫："着火啦，着火啦！"

其实，性格本身没有好坏之分，性格与个人能力、道德也没有必然的联系，只是不同性格的人其思维模式、行为习惯不同。

作为销售人员，我们所遇到的顾客都是不同的，我们去了解、分析顾客的性格特征，并不是让我们去评判顾客，给顾客贴上"什么性格"的标签。这样做就本末倒置了。

当我们在向顾客讲述他自己的故事之前，首先要对顾客有一个基本的判断，了解顾客大体上是一个什么样的人，然后就可以思考设计一个符合顾客的故事。

看到这里，你肯定会问：我们怎么去识别顾客呢？

很简单。我们可以通过观察顾客的说话节奏、肢体动作等来进行简单的识别。比如，顾客说话声音大、语速快，一般来说他不是力量型就是活泼型。通过进一步接触以后，如果顾客对我们不理不睬，基本上就可以识别他是力量型性格的顾客。

关于如何识别四种性格的顾客，在后面的章节里将会详细地告诉你他们各自的性格特征，这里就不再赘述。

**第二个步骤：尽量与顾客保持同步**

先来想象这样一个场景：面对顾客时，顾客说话很快、音量很高，而你说话慢、声音很小。这时，会出现什么样的后果？不用仔细思考，结果肯定是你和顾客聊不上几分钟，顾客就转身走了。

为什么？

顾客的性格不同，造就的行为模式就不同。要想和顾客能说上话，让顾客听你讲述故事，我们就要尽量与顾客保持同步，不管在说话的速度上、语调上、声音上都应该一样或接近。

比如，对于说话声音大、语速快的力量型顾客，我们也要提高音量，加快讲故事的速度；如果顾客对我们表现得非常热情，我们也应该对他报以同样的热情。这样我们才能与顾客相互呼应，获得顾客的心理认同。

通过以上两个步骤搞明白顾客需要什么故事后，你一定会问：如何才能根据不同的顾客讲他自己的故事？不要着急，接下来的几个小节里本书会告诉你方法。现在你需要做的就是，仔细回味和思考本节的内容，然后马上去做，那么你成功的几率将会大大提高。不信，你不妨试试！

## 活泼型顾客——讲关于梦想与目标的故事

活泼型的客户往往性格外向、乐观开朗、快人快语，是天生的交际高手。他们的一张脸就是情绪的晴雨表，可以看出今天是开心，还是郁闷。要想对活泼型的顾客讲述符合他口味的故事，我们首先要了解他们所具有的特点。

一般情况下，活泼型顾客具有以下几个特点：

活泼型性格的人非常健谈，乐于与人交流，且在平常的交流过程中非常善于使用肢体语言。

活泼型性格的人情绪变化快，而且很容易受到外界环境的影响。在电影院中，我们经常看到有人因悲情电影而大哭，或者因喜剧电影而大笑，这些都与活泼型性格的人相吻合。更有甚者，他们可能刚才还因为爱情悲剧而痛哭流涕，但转身看到周星驰的电影又会笑得前俯后仰。对他们，别诧异也别质疑，因为这都是活泼型性格的人所具备的特质。

活泼型性格的人，就像是永远都长不大的孩子，总是瞪大眼睛对这个世界表现出极度好奇且天真烂漫的样子。即便他们年老了，这样的特质也不会有所改变，人们依旧可以从他们身上找寻到孩童的天真无邪。而且，他们非常善于幻想，是懂得"自嗨"的人，知道如何能够让自己更快乐，呈现给人们的总是开朗、健康、向上的形象。

喜欢接受人们对他们行注目礼。但这并不代表他们会穿着奇装异服出门，对他们来说，穿着哪套衣服出门只是因为它很有个性罢了。

活泼型顾客热情直率。或许你认为抚摸、拍打一个人是很别扭的一件事，但对于活泼型性格的人来说，则是一件非常自然的事情。他们甚至会亲吻、拥抱他们的朋友，而且朋友之间的肢体接触对他们来说，根本就不算什么。他们非常热情，对任何感兴趣的事情都干劲儿十足。无论你的提议有多么令人诧异，但只要他们觉得有趣，任何事情、任何地点他们都能接受。

当然，活泼型顾客的特点还有很多，上面几个只是所有活泼型顾客的共性。

了解了活泼型顾客的特点，知道我们面对的顾客是活泼型，接下来，我们要做的就是根据他们的特点讲述他们自己的故事。具体如何做，下面将会告诉你方法。

**第一，讲关于他们梦想与目标的故事**

对活泼型顾客讲故事时，我们可以讲关于他们梦想与目标的故事，即使你觉得很不切实际也不要表现出来。很多时候，他们也知道那不切实际，但喜欢把这当成是一种分享，而没有把关注点放在内容上面。请善待他们愿意与人分享信息、梦想、经历的愿望。这是一种与你促进关系、表达友善的特殊方式。

**第二，在轻松的气氛下讲出故事**

活泼型的顾客喜欢丰富多彩的生活，喜欢与人打交道，特别是他觉得很有趣的人。要想让活泼型的人成为我们的忠实客户，在与他们相处时，一定要让他们觉得很开心、很有意思，或者要趁他们心情好的时候讲出关于他们梦想与目标的故事。一定不要在他们情绪不好的时候去烦他们，否则，他们会想："我都这么不高兴了，还谈什么！"

我们来看看下面这个案例。

郑亮在一家公司负责行政工作。在得知他们公司需要采购一批电脑后，电脑公司的业务代表王勇跟他进行了一次面谈。王勇见到郑亮之后，没有急着谈购置电脑的事情，而是和郑亮聊起了天，比如他气色这么好，是不是有什么喜事；他在公司的时间长短；他自己在家里用的什么电脑等。

在闲聊中，郑亮透露出一些信息：他们公司来了几个新同事，因此需要购买几台电脑，而他正为这件事情发愁。一些老员工想用新电脑，想给新同事用旧电脑。但他觉得这有点不太公平。另外，他家里也有电脑。

王勇就说，您在家里还用电脑办公，这么敬业。郑亮说他只是偶尔工作一下，平时都是用电脑上网和打游戏。王勇问郑亮现在打什么游戏。郑亮说，他以前玩《反恐精英》，现在玩《穿越火线》。王勇说他也玩《穿越火线》。于是，两个人就游戏聊了起来，彼此分享了"穿越"经验，以及其中的一些趣事。

王勇话题一转，问郑亮在办公室不打游戏吧。郑亮笑着说，当然不打，否则办公室不成网吧了，而且公司电脑的配置也没那么高。王勇趁热打铁地问他们这次打算购买的电脑需要怎样的配置，是只需要使用办公软件，还是需要绘图。这样一路谈下去，就谈到了电脑的预算问题。

对郑亮这样的活泼型客户，我们要多表示自己的友好、热情和有趣的一面。因为他们喜欢用轻松的方式处理事情，也喜欢轻松的聊天氛围。对他们来讲，谈话的气氛将决定他们是否愿意听我们讲故事。他们对死板的语气和僵硬的话题没有兴趣，一旦他们失去兴趣，就有可能结束谈话。

**第三，讲故事时声音洪亮、热情**

对活泼型顾客讲故事时，声音一定要洪亮。因为他们是那样热情，所以你也要非常热情地投入到自己讲述的故事中，甚至还要利用身体语言来增强故事表现力以吸引他们的注意。如果我们很平淡地平铺直叙地向他们讲故事，他们就会因为我们的平淡与无趣而失去听我们的故事的兴趣。他们喜欢得到人们的认可与关注，所以在向他们讲销售故事时，如果我们的眼睛能看着他们的动作，嘴角带笑地表达肯定与赞许，他们一定会心花怒放，觉得与你志同道合。这时，可能都不用你主动开口说出你的目的，他们就会主动要求帮你完成。

最后，需要提醒的是，活泼型的顾客因为有不注重细节、做事三分钟热度的习惯，所以，如果我们讲的故事已经让他认可，就要及时地催促与确认。

对活泼型顾客讲销售故事时，只要做到以上几点，那么你就会有一个美好的讲故事过程，从而达到销售产品的目的。

## 完美型顾客——讲故事要提供详尽的数据和事实依据

完美型的客户是思想家。他们对目标严肃认真，崇尚美感和才智，强调做事情的计划性和条理性，会为生活和工作做长远而且最佳的安排。完美型的客户想的问题往往都很细致、具体，因为他们害怕冒风险。完美主义是一种人格特质。心理学家巴斯克认为具有完美主义性格的人通常有以下这些基本特性。

深思熟虑。他们对人生有很明确的目标，不仅明确而且长远。他们会把自己的目标全部规划好，并且在规划的时候已经把细节考虑在内。虽然善于分析与策划是他们的优点，但如果没有掌握好火候，他们就会给人留下爱挑剔、吹毛求疵的印象。

注意细节，要求规矩，缺乏弹性，标准很高，注重外表的呈现，不允许犯错，自信心低落，追求秩序与整洁，自我怀疑，无法信任他人。

完美型的人是非常有天赋、有创造力的人，他们可能有多方面的才华，而且与艺术相关的领域他们大多能够做得很好。

注重仪表，喜欢干净整洁的套装。男士会注意到领带颜色、皮鞋是否光亮等影响到他们穿着整齐得体的细节，女士甚至会把每一根发丝都梳理得恰到好处。总之，他们的一切，都会显得井井有条。

我们应该如何对完美型顾客讲销售故事呢？先来看一个真实的案例，相信通过以下的故事，我们可以找到问题的答案。

李超然是一家生产橄榄油公司的销售部经理。他有着典型的完美型性格，整洁大方，工作上他会反复检查、不断完善，以确保不给别人批评自己的机会。这种性格让很多来谈业务的玻璃瓶厂销售人员吃了闭门羹。

一天，一个叫周涛的销售人员登门拜访了李超然。两个人简单地寒暄之后，李超然开门见山地请周涛对他们的企业做一个简单的介绍。周涛简短地介绍了企业的成立情况、营业收入、生产线、产品种类等基本信息。李超然又问了如下若干问题：你们公司的总部在哪儿？你们公司自己送货吗？送货车辆是什么样的？司机在上货时点不点数？上好货后车门上不上锁？如果途中车辆发生故障或是出现交通事故怎么办，需要多长时间处理好？仓储环境如何？仓库有没有定期检查，检查周期是每年还是每月？我们的产品可不可以放在独立的仓库？如果货物不能及时到达，或者出现了货物遗失，你们如何处理？你们是如何处理客户投诉的？

对于以上这些问题，周涛或繁或简地逐一做了回答。最后李超然又提出了一个条件："为了确保货物能及时安全送达，你们要交纳50万元的保证金。如果发生货物延期、破损、遗失等问题，我们将从保证金中扣除赔偿金。还有，如果一年内出现3次货物延误或遗失的情况，我们将自动解除合同。"

周涛告诉李超然，他已经将所有的要求逐一记下了，下次拜访的时候，将会给李超然一个明确而满意的答复。

几天后，周涛再次拜访李超然，这次，周涛对李超然提出的问题和疑惑做了详细的准备工作。见到李超然后，周涛对李超然讲述了一个"如果选择了他们的服务，将会有哪些美好的愿景和好处"的故事，在故事里，周涛利用了很多数据和事实作为依据。故事讲完以后，李超然很痛快地签了合同。

从周涛讲故事销售的案例中我们可以得出三个对完美型顾客讲销售故事的技巧和方法：

### 第一，尽可能地提供详尽的数据资料和事实依据

完美型客户就是这样事无巨细。他们总是需要得到尽可能多的信息，绝不会急于做出决定，而是要等到收集到了所有的信息，进行分析和比较之后，才会做出是否合作的决定。在销售过程中，如果我们遇到了完美型性格的顾客，要想取得他们的信任，让他们把担心的事情说明白，我们可能需要刻苦攻关。在向他们讲述销售故事时，我们要尽可能地提供详尽的数据资料和事实依据，以让他们相信我们讲的故事是有根有据的。当他们消除了所有的疑虑，没有任何担忧之后，他们才会放心地和我们成交。

### 第二，向他们讲故事的过程中，要全神贯注地融入到故事中

完美型性格的顾客很认真，那么在讲故事的过程中就要格外注意这点，以免引起他们的反感。这就要求我们在向他们讲故事的过程中，必须要全神贯注地融入到故事中，显出我们对这个故事格外重视。

### 第三，要特别注意展示良好的个人素质

完美型顾客最看重的是安全感。因此，在向他们讲故事的时候，我们要特别注意展示良好的个人素质，其中既包括良好的个人形象，又包括良

好的专业素质。如果我们能够以顾问式的销售方式与他们进行更细致的沟通，让他们觉得放心、安全，你自然能够获得他们的好感。

好了，如何对完美型顾客讲故事的方法和技巧都详细地告诉你了，接下来就看你如何把握了。看到做到——是成为一个优秀的销售人员的基本原则。你需要做的，就是从现在开始就要改变。

## 力量型顾客——讲有结果的故事

力量型顾客与活泼型顾客很相像，他们永远充满动力，充满理想，勇于攀登高不可攀的顶峰。但他们的控制欲非常强，而且脾气很暴躁，喜欢掌控一切。想要对力量型性格的顾客讲出有准备的销售故事，我们必然需要了解他们的性格特征。那他们具有怎样的性格特征呢？

具有无与伦比的领袖气质。力量型的人似乎天生就是领导者。他们喜欢站在金字塔的顶端发号施令，这使得他们在各个时期都是人们的领袖。

他们是勇士的最好诠释，如果公交车上有人被抢劫了，那么冲上去帮忙追回物品的一定是力量型的人。富有强烈的冒险精神，总是敢于做"第一个吃螃蟹的人"。所以在生意场上，很多成功的人都是力量型的人。

决策果断。在力量型的人身上你看不到犹豫与纠结，因为他们非常擅长做决定。快刀斩乱麻是对他们做决断时的最好说明，绝不拖泥带水是他们性格的最真实写照。

面对力量型顾客，作为销售人员的我们，应该讲什么故事才能让他们做出购买决定呢？先来看宝洁公司的销售人员是怎么做的。

世界知名企业宝洁公司规定销售人员准备的产品资料的长度为一页纸以内，要求尽量精简公司所有的产品文件，以尽可能简练的语言来描述公司的现状和未来的发展策略。

一次，宝洁公司的一名销售人员 Peter 向一个公司的总经理推销产品。为了让自己的销售故事有依有据，他准备了一份厚厚的产品资料，这份备忘录详细介绍了公司产品的所有优势。在向这位总经理讲故事的时候，Peter 很是卖力地讲了一个听起来非常精彩的故事。没想到，故事讲完后，Peter 把厚厚的产品资料一起递给总经理，可是总经理连翻都没翻，而是非常生气地对他说："把我想听的、想要的东西简化。"说完就走了。

Peter 回去后思考了很久，向很多有经验的销售人员请教了问题所在。一个月后，Peter 再次去拜访这位总经理，并向他讲述了一个"如果拥有了他们公司的产品，他将有什么改变或好处"的故事，Peter 把这个故事设计得非常简短，并且切中要害。故事讲完后，Peter 再次递上产品资料，只是这次的产品资料只有一页纸。

这次，这位总经理听了 Peter 的故事，看完产品资料后，很痛快地签下了合同。

通过比照上面的力量型顾客的特点，我们可以知道这位总经理就是典型的力量型顾客。对他而言，罗列大量数据和长篇累牍的故事只会占用他的宝贵时间，他所需要的只有两个字——结果！所以，Peter 给他讲了一个以结果为导向的故事，就成功地说服了他做出了购买决定。

借鉴 Peter 讲故事销售的案例，我们可以得出以下几个如何对完美型顾客讲故事的方法。

**第一，给他们讲述有结果的故事**

力量型的人喜欢快速地做出决定，然后看到结果，因为他们比较怕麻烦。所以，对于这种性格特征的顾客，我们应该给他们讲述以结果为导向的故事，让他们看到清晰的步骤和预估的结果，不要让他们觉得麻烦。

大多数创业者、飞行员、投资者、职业运动员和赛车手都是力量型的人，他们喜欢冒险和竞争。对于力量型的人来说，他们喜欢迅速地做出决定，然后看到结果。由于行动迅速，他们不擅长处理细节问题，他们也不喜欢面对细节。他们喜欢冒险，但前提是我们能够为他们带来足具吸引力的改变和效果。

对于力量型顾客，我们在给他们讲述故事的时候，要明确告诉他们，他们需要付出什么成本，可以获得什么样的效果，什么时候可以看到结果，并且告诉他们这一切都不需要他们太费心。结果明确，目标清晰，他们自然就会做出成交的决定。

几乎所有力量型的人都喜欢以结果为导向，因为他们不喜欢拖泥带水。如果想和这种顾客打交道，你就要在短时间内让他们认识到你的产品所能带来的益处，比如节约的各种成本、利润的提升、浪费的避免等。而这些益处，我们都要巧妙地添加到我们的故事中。否则，我们会很容易遭到拒绝。

**第二，在向他们讲故事时也要注意细节**

对完美型的顾客讲故事时，我们可以没有太多的眼神接触，因为他们需要安全的个人空间。但对力量型的顾客讲故事时，我们必须要勇敢地与他们对视，让他们感受到我们的自信与态度，这样我们才能赢得他们的好感与认同。

另外，力量型的顾客非常自信，喜欢挑战的他们也希望能够从对方身上感受到和他们一样的自信。所以，我们在向他们讲销售故事时，语气要坚定、自然，声音要洪亮、自信，讲故事速度可以适当地加快，这样可以向他们展示我们有非常明确的目标，他们也会根据我们的目标进行思考。如果我们在讲故事时含糊其词，目标上模棱两可，他们就会对我们的故事产生怀疑，这样我们就很难说服他们。

## 和平型顾客——讲能带给他们安全感的故事

相信大家都看过《西游记》,《西游记》中的师徒四人是四种性格的典型代表：唐僧是完美型；猪八戒是活泼型；孙悟空是力量型；沙和尚是和平型。纵观《西游记》全集，最让人没有印象感却也最让人放心的一个人物想来就是沙僧了，而这一切都源于他是一个和平型性格的人。

想要对和平型性格的顾客讲销售故事，并且能够成功地说服他们，自然需要掌握这些人的性格特征。具体来说，他们具有以下性格特征：

和平型的人是我们中间伟大的促进平等者和情感缓冲器。他们生性随和，比较容易接触。有时候，他们做事犹豫，容易被同化，但又不容易做决定。他们同样害怕风险，因此消除风险、鼓励他们是赢得合作的必由之路。

和平型性格的人与世无争，大都有着平和的心态，无论是在心理上还是行动上，都是不慌不忙。我们总是能看到他们面带微笑，迈着不慌不忙的步伐，用着不急不缓的语调，说着不轻不重的话语。即便是他们非常不注重自己的仪表，也不经常打理自己的衣装，但你也总能在他们一派轻松的言行举止上感受到从容与淡然。知足常乐的他们，好像天塌下来都不能触动他们的情绪。

和平型的人性格平和，为人谦逊，善于协调，注重感情，因此一般比较容易接触。很多教师、护士、社会工作者、心理学家和秘书都是典型的和平型的人。这是由他们细心、耐心的性格决定的。

不喜欢引人注目的他们注定会有许多的朋友，因为他们能够满足所有人的表现欲。

四种性格类型中，和平型性格的人是最容易被说服的。针对重关系而不重结果的他们，只要我们能够在与他们沟通的过程中保持良好而平和的氛围，利用情感与他们建立良好关系，他们就会很容易地被我们所讲售故事说服。具体的方法如下：

**第一，讲能带给他们安全感的故事**

和平型的人在做出决定时速度比较缓慢，我们也必须对他们保持耐心。他们处事非常谨慎，事前通常会对可能出现的风险有所顾虑。我们向他们讲销售故事时，就要讲带给他们安全感的故事，在故事里说明他与我们合作没有什么风险，或者即便有什么风险，我们也可以给他一些明确的保证——这些风险在掌控之中，或者由我们来承担。

**第二，讲故事的过程中语速要慢，语调要低**

在向和平型顾客讲带给他们安全感的故事的过程中，我们的语速要慢，语调要低，要与他们保持一致。并且要注意眼神的交流，次数可以很频繁，但每次接触的时间不宜过长，更不要总是盯着他们，那会让他们感到不自在，因为他们不喜欢被人过多地关注。

另外，如果有必要，在向他们讲故事时，可以通过示弱来赢得他们的同情——富有同情心的他们可能会因为对方是"弱者"的身份而不忍拒绝我们提出的一系列要求。

最后在本节的结尾，想给这四种性格的顾客作一个总述：

作为销售人员，我们要知道每个人表现出来的行为其实只是他本人性格的冰山一角，在这种表象下面，还有每个人因生活环境、经历、文化修养等方面的不同而产生的差异。虽然仅以这四种类型作为划分稍显简单，但了解这四种性格划分便会帮助我们更好地了解他人在特定情况下的行为方式。对他人了解得越多，在向顾客讲销售故事时才会越加自然与准确，并能对他们的言行做出恰当的回应，获得对方的理解、认同，继而向我们打开心扉。

也就是说，在讲销售故事的过程中，以对方喜爱的行为模式传递自己的故事时，对方才可能理解我们在故事中所传递出的信息，并有可能接受我们的观点。为了增加自己对他人的影响力，我们必须按照他人的喜好对自己的行为模式做出调整，以求增多与对方的共同点，使自己的故事更容易深入下去，从而获得说服对方的机会。

## 找出顾客的真正需求

顾客到底需要什么？你了解吗？

顾客选择不同的餐馆、顾客选择不同的酒、顾客选择不同口味的菜品、顾客购买不同品牌的衣服……顾客一直处于不同的选择过程之中。顾客为什么愿意听我们讲的故事，购买我们的产品？你也许会认为，是因为我们讲的故事吸引了他们，我们的产品质量好……所以顾客才会选择购买的。今天，我想告诉大家的是，这种想法是错误的。

事实上，大部分购买行为的发生，并不仅仅只是因为产品的价格或者是产品的质量。顾客做出的每一个购买决定，都是在满足自身的需求。

在讲故事销售的过程中，我们最重要的工作就是找出我们所销售的产品能符合顾客的需求。然后，我们就可以设计自己的销售故事，向顾客讲述出来。让顾客一听就能明确地感受到我们销售的产品能够满足他们的需求。

所以，这节的主题很明了——找出顾客的真正需求。只要找出顾客的真正需求，我们才能讲出符合他"胃口"的故事。我们要了解顾客的需求呈现什么样的特征、处于什么样的状态。不管是故事销售，或是其他的销售方法，只要是有效的销售策略都是建立在全面掌握客户真实需求的基础之上的。

没有确定顾客的需求而盲目地讲销售故事，既愚蠢又让人感到无法忍受。想象一下这样一个场景，你就会明白找出顾客的真正需求对讲故事有多重要：

有一天，一位病人走进医生的诊室。

医生："您哪里不舒服？"

病人："我的头疼得厉害。"

医生："你很幸运（不管病人说什么），我们今天有一批新型的心脏起搏器进入医院。"

病人："但是，医生……（感到不满）我觉得头疼，而不是心脏有问题。"

医生："是的，我可以用这种心脏起搏器治好你的病。它有多种可选择功能，价格合理，而且它也在你的保险范围之内。要是可以的话，我安排时间给你安装。"

看完这个案例，你是否也在嘲笑医生胡乱的推销行为？不用笑，在实际的讲故事销售过程中，很多销售人员都在一次次地犯上面提到的医生的错误。切记，在讲故事销售过程中，如果不能准确地抓住顾客的需求，你的行为就和上面提到的医生的做法毫无区别。所以，我们在讲"他"的故事时一开始就必须关注顾客的需求，而并不是打算讲什么故事、销售什么产品。

找出顾客的真正需求对于我们讲述顾客的故事真有这么重要吗？看下面的例子，你就明白了。

布莱恩·崔西是世界上最杰出的十大销售大师之一。有一天，崔西带着自己的徒弟向一位帐篷制造厂的总经理销售产品。为了帮助徒弟进步，他让徒弟对总经理讲出了他精心设计的关于这位总经理的故事。然而，当故事讲完后，总经理没有任何表示。显然，徒弟所讲的故事并没有吸引总经理。

崔西看到这种情况，由他接手的话应该还有机会。于是，他对总经理讲道："我在报纸上看到一则关于你的报道，说你的公司为许多年轻人的户外活动提供了帐篷。当我看到这个报道后，我就在想这样的老板真是让人佩服。但是我在想你们既然为年轻人提供帐篷，就是想让年轻人能有一个愉快的野外活动，不知道你们对帐篷的制作材料是否看中……"

当总经理听完崔西所讲的关于他的故事后，热心地向崔西解释过去两年来，他们已经在市场上如何发展这些用具，并且总经理特意告诉崔西，他们制作的帐篷一定要保证质量，就是要保证制作材料的最佳性。当他们的谈话结束后，崔西是带着一张新合约离开的。

通过这个案例可以发现，在讲述顾客的故事时，如果找到顾客的真正需求，并把这个需求设计到故事里，可以很好地吸引顾客并拿下订单。

看到这里，你一定会问：崔西是如何看出总经理的需求就是帐篷的材料？我们又该如何了解顾客的真正需求呢？接下来就告诉你方法。

**第一，发掘顾客心底潜藏着的占有欲**

人人在潜意识里都有着占有的欲望。比如，你的女朋友或男朋友正在和异性聊得不亦乐乎，你是不是会感到生气呢？这就是人的占有欲的表现。同样，当人面对商品也有这样的占有欲。请看这样一个汽车销售中的场景：

汽车销售员周飞精神饱满，面带微笑地将顾客引到一款汽车的前面。对顾客说："这款车是流线型的，最适合像你这样年轻时尚的人驾驶。你看，这个银灰色，是今年最流行的颜色。"周飞示意顾客摸一下。

周飞接着说："你看看车里的结构，关上门听听声音，这声音听起来多么舒服（周飞打开车门，示意顾客关上车门听一听）。当你开着这辆车带着女朋友或妻子出现在朋友的面前时，他们一定会非常羡慕你的，而且这款车非常适合你的身份（一边说一边招呼顾客进到车里）。"

顾客听了周飞的话，非常高兴地说："好，就要这辆吧。"

在上例中，汽车销售员周飞一边讲故事一边通过让顾客触摸车身、开关车门、坐到车子里面等，满足了顾客的参与感，激发了他潜意识中对购买车子的欲望。通过在故事中强调顾客拥有这辆车后的感觉，充分调动了顾客的想象力，从而激发了顾客的占有欲，使他对这款车子欲罢不能，最终买下了这辆车。

**第二，构造出一幅打动人心的图画**

通常情况下，当顾客看到我们所销售的产品时，往往会在潜意识里为产品勾勒出一幅图画。比如，你是卖蒸汽熨斗的，当你的顾客在使用这种熨斗的时候，会是一幅怎样的情景呢？或者，你是卖汽车的，你能想象出顾客和爱人、孩子一起驾车出去的情形吗？你能把这些情景用故事讲出来，让顾客也感受到吗？

如果我们能把我们所销售的产品，结合顾客使用时的情景，通过故事讲出来，在顾客的头脑中勾勒美好的画面，唤起顾客的美好感觉，可以很好地刺激顾客的购买欲望。这就要求我们在讲这个故事时，一定要为顾客构造出一幅快乐、美满的画面，画面越有吸引力，就越能打动顾客，让顾客接受我们的产品。

如何用构图的方法对顾客讲出顾客自己的故事呢？我们可以问自己三个问题：

第一个问题："顾客会如何使用这个产品？"

第二个问题："顾客用了这个产品有什么好处？"

第三个问题："顾客在使用这个产品时，会是什么样的快乐景象？"

把这三个问题的答案想清楚后，你就可以设计出符合顾客需求的故事，从而构造出一幅打动顾客的图画。接下来，你需要做的就是等着顾客掏腰包了。

到此为止，关于如何了解顾客的需求，讲述他自己的故事的解决方法你已经知道了，所谓"机不可失，时不再来"，很多事情的发展都取决于某个关键时刻，往往在什么时候讲故事比讲什么故事更重要。我们不应有过多的犹豫不决，按照本书教给你的方法，立刻去实践吧，那么你的故事销售一定会成功的。

## 定位目标消费群体：谁会听我们的故事

在决定讲述顾客的故事时，我们先问自己一个问题：他们是什么样的人？

解答这个问题的过程，其实就是细分消费群体的过程。谁是我们的目标消费群体？解答这个疑问，就是去了解我们的顾客。我们一定要找到自己的客户群，定位自己的客户群，否则我们的故事讲给谁听？所以，先看看谁会听我们的故事、买我们的产品，再看看他们是一群什么样的人。

当然，"目标消费群体"是一个较为宏观的概念，比如卖女性服装的，他们的目标消费群体大致就是女性，尤以年轻女性为主，至少占到了这个客户群体的70%以上。那么我们的女性服装的故事销售，就要定位到这个庞大的群体上，而不是在她们的丈夫或孩子身上做文章。

然后，我们还要进行具体的细分：我们的产品到底吸引哪一部分人？我们要了解周围可能会来购买我们产品的消费者的年龄特征、收入特征和教育背景：我们的这些潜在顾客与其他的顾客相比，有什么差别？她们喜欢穿什么样的衣服，买什么样的牌子？她们过去的消费特点是什么？什么样的故事能让她们感动？

在不同的环境中，你会发现这个群体的特点也不一样，甚至有非常大的区别。比如你是深圳市区某商场女性服装的售货员，那么这周围的女性消费者，与市区外比如宝安区的女性消费者就有较大的区别。后者多以月收入4000元左右的女性为主，而市区的女性平均收入则可能在8000元以上。别小看4000元的收入差别，它意味着两类人的消费层次、消费文化与消费期待是完全不同的，我们为其设定的销售故事就应该截然不同。

我们对这些信息的掌握程度，决定了我们能否了解目标消费群体的基本特征，为下一步设计针对顾客的故事提供依据。

那么，我们应该如何设计针对顾客的故事呢？这正是下面将要告诉你的。

**第一，分析他们有什么特点，根据顾客的特点讲故事**

客户群体的特点尤为重要，我们必须细致到搞清他们任何一个生活细节。比如他们购物时是喜欢直达目的地，还是在路上多转一会儿；喜欢找人陪伴，还是独来独往；是一家人集体出动，还是一个人。这些信息在我们准备向他们讲故事时，具有非常大的意义。

现在我们也喜欢把新一代的消费者进行必要的区分，把他们按年龄定位为70后、80后、90后，找到并区分他们的价值观、消费文化、朋友圈的不同特点，再有针对性地讲述对应的故事，去分别打动他们。他们谁是个人主义者，谁又比较倾向于集体主义，谁更爱时尚流行，谁比较内敛保守或信奉现实主义。这些形形色色的特点足以写成厚厚的一本书，建立一个数据库。而且，每个人身上都会有一个精彩的故事。如果你愿意了解他们，你将汲取到无穷无尽的灵感。

**第二，分析他们要什么，学会换位思考讲故事**

顾客需要什么？

顾客在商场转来转去，到底想买什么？

顾客为什么进来又走了？

……

不止一个营销人员有类似的心理纠结。有时看到顾客走过来了，站在柜台前认真地观看，表现出很感兴趣的样子。正要过去搭讪，顾客却扭头走了。于是，我们会很迷茫，为什么留不住他们？他们究竟想要什么？

与其就这个问题钻牛角尖，不如让自己学会换位思考，设身处地为顾客着想一下。假如你站在顾客的立场上，想象自己出门购物，进入一座琳琅满目的商场，到处都是炫目的广告和激动人心的销售故事，你会怎么想呢？这时购物并不是最重要的，"避免上当受骗"才是我们的第一个念头。

所以，作为销售人员，要想讲出顾客自己的故事，最忌讳的就是只顾讲故事、自说自话，却不站在对方的角度想一想为什么会这样，不去理解顾客的感受，只想着自己的利益，迫不及待地要把消费者口袋中的钱掏出来。抱此想法的营销人员，失败率也是最高的。

如果我们懂得了站在顾客的立场上去思考问题，我们会得到怎样的结果呢？我们会发现他们愿意与我们合作、喜欢听我们讲述的故事、决定买我们的产品。以下几条就是我们站在顾客的角度思考，在讲述故事时能够为顾客提供的几种必不可少的价值：

实用的价值。我们的故事可以给对方带去实际的用途，解决具体的硬需求。

思想的价值。顾客在我们这里获得的是格局与视野的提升，能够学到东西，扩充眼界，体验到新的生活方式，于是他们就喜欢听我们所讲述的故事。

在本节的最后，想要告诉广大销售人员的是，讲故事销售并不难，只要你首先为顾客着想，让顾客省了钱，维护了他的利益，他一定会认可你、肯定你，甚至会想要马上买走你的产品以作为回报。试问，这样的销售工作很难吗？

## 换位思考：如果你是他，你会怎么做

在生活中，由于人们所处的环境和扮演的角色不同，很多时候对一件事情的看法都会存在诸多差异。但这并不是说他人的看法一定是不正确的。这时，换位思考一下，或许我们就会理解他人的想法，而这样也会使我们更容易站在他人的角度，讲述他自己的故事。

我们向顾客讲述他自己的故事，首先必须先消除与顾客之间的矛盾与隔阂。换位思考就可以很好地消除人与人之间的隔阂，并能将矛盾进行转化。换位思考可以促进人与人之间的交流，有助于就谈话内容达成共识。通过讲故事进行销售的高手一般都懂得换位思考，这有助于他们说服别人认同自己的观点。现在的社会关系十分复杂，人们的思想也很复杂，而只有学会了换位思考，才能使更多的人认可我们，使我们得到更多人的支持。

因此，在我们希望用他自己的故事说服顾客购买我们所销售的产品时，在讲故事之前，必须进行换位思考：如果你是他，那么你会怎么做呢？

鱼儿在海里游，它不明白天上的大雁为什么飞得那么凌乱；大雁在天上飞，它不明白海里的鱼儿为什么游得那么磨蹭。如果它们可以互换一下角色，或许就会明白，鱼儿在海里游，那不是磨蹭而是成熟；大雁在天上飞，那不是快而是自由。

如果你还不能理解，我们不妨先来看一个有关卡耐基的有趣的故事。

每个季度，卡耐基都会租用一家大酒店的礼堂用来讲解社交培训课程。有一次，他正准备讲解，却突然接到通知，酒店礼堂的租金提升到了原来的3倍。但是这个时候入场券都已经发了出去，所有准备讲解的相关设施也已经全部到位。几天之后，卡耐基找到了酒店的经理，说道："我在接到你们给予的通知时，有些吃惊，但是，这也怪不得你，因为如果我身处你的位置，或许也会这样做。你是这家酒店的负责人，你有义务使这家酒店获得更多的利润。只是，或许我们应该计算一下，增加礼堂的租金，对你们酒店是利还是弊。咱们先说有利的方面。如果酒店礼堂出租给举办舞会、商务晚会的，而不是出租给举办演讲授课的，那么你们得到的收入会高很多。因为举行类似舞会的活动，一般占用的时间都不会太长，但是他们却可以一次付给你们很高的租金，肯定比我给的要高出很多。所以，租给我，很明显你比较吃亏。

"分析完了有利的，那么我们再来讨论一下不利的一面。你将我的租金提高到原来的3倍，导致我负担不了这样高额的租金，因此只好离开，这样就会减少你的收入。还有就是，我所讲授的培训课程，吸引的都是众多有文化、受过高等教育的管理人员，他们到你的酒店来听课，对你们酒店而言，相当于免费为你们做了广告宣传。但是，如果你仅仅只投入5000美元钱在广告宣传上，那么你肯定邀请不到这么多人来你们酒店进行参观，可是我在此举办的培训课程却做到了。这对你们酒店来说难道不是更合算吗？"

说完之后，卡耐基起身准备离去，并提醒道："请你认真考虑一下再给我答复。"最后，酒店经理还是按原来的价格将礼堂出租给了卡耐基。

卡耐基向酒店的经理讲故事的过程中，没有说一句有关自己目的的话，他完全是站在对方的立场上思考问题的，最后他却成功地说服了酒店经理，得到了他想要的结果。

其实，这也是一种宽容。理解他人，宽容他人，而当我们做到这些的时候，也会得到我们自己想要的结果。法国大文豪雨果这样说过："世上最宽广的是大海，但比大海更宽广的是天空，而比天空还要宽广的，则是人的胸怀！"

## 让顾客先讲述他的故事

当你拿起这本书，读了前面的几个章节后，就丢开书去对顾客讲故事，那么这无疑是一个好方法。不过，还有一个更好的方法就是：在你开始讲故事之前，想办法让顾客先讲述他的故事。

当客户把他的故事讲给你听后，你可以从中分析他的购物喜好、兴趣、价值观，最重要的是分析能够让他做出购买决定的是什么。他讲得越多，说明他对你越信任；对你越信任，你讲给他的故事才更加会让他信任，他做出购买的几率就越大。这其实就是一个良性循环。

试想一下：当我们面对一个完全陌生的顾客时，我们拿什么去了解眼前的这个人？他需要什么特点的产品？他愿意花多少钱去购买？我们如何知道自己应该讲什么样的故事给他听……这些问题都可以在让顾客讲述他的故事的过程中，获取一些信息，从而去了解他，给他讲一个完全适合他的故事。

在一个商场的饰品店专柜前，销售人员小韩正在向顾客推销一款项链。这时，她注意到顾客脖子上戴的是一款发晶玉石样的饰品。于是，她对顾客说道："您现在佩戴的这款项链很好看哦，是一个经典款。这款在几年前就出来了，当时非常畅销，现在都买不到了。"

顾客听了小韩的话后，高兴地说："是的，这款是我妈妈在我刚上大学时买给我的。戴了7年了，很有感情……下个月是我妈妈的生日，我想给她买一个生日礼物。"

小韩认真地听了顾客的故事后，便给她讲了一个故事："我和您一样，我妈妈送给我的东西，我一直非常珍惜。我们前段时间专门针对中老年人设计了几款项链，我给我妈妈也买了一条，我妈妈可喜欢了。我拿出来给您看看，您选一选。"

在这个案例中，小韩通过引导顾客讲述自己的故事，做出了两个判断：

1.顾客做出购买决定的"卖点"在于情感层面。

希望购买一款适合妈妈戴的项链，以报答妈妈的养育之恩。也就是说，什么样的项链能够表达、渲染出这种亲情，这种项链被购买的可能性就越高；

2.对于项链的款式，顾客不太关注时尚，而是关注价值。

在这样的分析结果下，小韩判断顾客有三方面的购买动机：

情感：能表现出女儿对母亲的关注和爱护；

功能：能满足中老年人的审美观；

价格：作为赠礼，价格不能太便宜，以中高档为宜。

有了这三方面的购买动机，小韩才会给顾客讲出合适她的故事，让顾客做出购买决定。

在销售过程中，顾客讲得越多，其做出购买决定的几率就越高。那么，在向顾客讲述他自己的故事之前，我们应该如何让顾客开口讲述他自己的故事呢？

下面介绍两个非常有效的方法：

**第一，通过提问引导顾客**

要想顾客开口向我们讲述他自己的故事，首先我们要进行引导，引导顾客开口的唯一方法就是提问。提问对于顾客来说，就像每把锁都有配套的钥匙一样，只有提问正确了，顾客才会开口讲述自己的故事。那么，我们应该如何向顾客提问呢？

作为销售人员，一个正确的提问要同时具备两个条件：

一是将顾客的需求引向我们所销售的产品具有的功能上面；

二是要符合顾客的真正需求。

**第二，对顾客讲的故事表现出真正的兴趣**

当通过提问让顾客开始讲述他自己的故事时，作为销售人员，我们要对顾客的故事表现出真正的兴趣，做到认真聆听。只有这样，顾客才愿意敞开心扉讲下去，而我们也可以获得更多的关于顾客的信息，对我们接下来讲述销售故事非常有用。

当然，让顾客开口讲述自己故事的方法肯定不止这两个，但这两个却是对销售人员讲故事有具体帮助的实战技巧。其实，最好的做法是：从现在开始就注意引导顾客讲述他自己的故事。

## 瞄准顾客的兴趣点讲故事

在讲销售故事的过程中，当顾客愿意坐下来或停住脚步与我们进行沟通时，我们就已经迈出了讲故事的第一步。接下来，我们需要做的就是引导顾客听我们讲述故事。在这个过程中，我们不仅要让顾客听我们讲，还要让他积极地与我们互动。在互动的过程中，我们才能慢慢了解他，分析他的性格特征，讲述他的故事。

这听起来好像非常简单，事实上，做到与顾客保持互动并不是一件容易的事。俗话说："酒逢知己千杯少，话不投机半句多。"大多数情况下，我们与顾客就处在"话不投机半句多"的状况。如果出现这种状况就意味着我们和顾客的互动已经进入了危险地带，我们已经无法再对顾客进行故事销售了。这时，我们应该怎么办呢？

不要紧！只要我们在与顾客互动的时候，注意投其所好，瞄准顾客的兴趣点，就能很好地与顾客进行互动，为讲故事打下坚实的基础。

乔·吉拉德，相信大多数销售人员都听说过这个名字，他是世界上卖出汽车最多的人，听说他的销售成绩至今还没有人能够打破。因此被吉尼斯世界纪录誉为"世界上最伟大的销售员"。他究竟有着怎样神奇的推销本领呢？让我们从下面这个小故事中得到些启示。

一天，一位看上去很羞涩的男士走进了乔·吉拉德所在的汽车销售店，乔·吉拉德主动走过去对他说："我有一项本领，一眼就能看出一个人的职业。"男士笑了笑，并没有说话。乔·吉拉德接着说："你肯定是一位律师。"

在美国，律师是一个受人尊敬的职业。即使乔·吉拉德说错了，顾客也不会因此生气。因为这恰好表明在乔·吉拉德的心中他是有地位的。

这个男士听完乔·吉拉德的话，抬起头说："我不是律师。"乔·吉拉德问道："噢，对不起，那么你是做什么工作的呢？"男士不好意思地说道："我是一个宰牛场的屠夫。"男士也许想象了几十种乔·吉拉德接下来的反应，但令他惊奇的是，乔·吉拉德竟激动地说："哇！太棒了，一直以来，我都在想，我们吃到的牛肉到底是怎么来的。如果你方便的话，给我讲一下好吗？"

男士被乔·吉拉德的真诚和热情感染了，接下来，他用了20分钟时间给乔·吉拉德讲了如何杀牛的过程。男士在讲述杀牛时，乔·吉拉德也趁机带着他看了店里的几款汽车。20分钟后，乔·吉拉德已经设计好了一个关于"他"的故事。等男士说完，乔·吉拉德对男士说道："你知道吗？我们店里有一款汽车非常适合你。因为车里有一个设计图案非常像一个牛头，如果你开着这款车，一定会让你的同事们羡慕不已……"

当乔·吉拉德把这个故事讲给这个男士听后，男士立刻要求乔·吉拉德带他去看这款汽车。最后，男士不仅买下了这款汽车，还邀请乔·吉拉德周末去宰牛场参观杀牛。

在上述案例中，乔·吉拉德巧妙地抓住了顾客的兴趣点，并以此作为讲故事的契机，引起对方的共鸣。同时也拉近了彼此间的距离，激发和保持了顾客的兴趣，促进了销售的顺利进行，从而使自己的成功销售获得了有力保证。

其实，乔·吉拉德的销售技巧有很多，我们不能一一照搬。但他这个瞄准顾客兴趣点讲他的故事的销售技巧，却可以为我们所用。在运用好这一方法之前，我们先要了解一下什么是顾客的兴趣点。

所谓顾客的兴趣点，就是指顾客高度关注的或熟悉的事物。当我们在向顾客讲述"他"自己的故事时，可以像乔·吉拉德一样，根据与顾客的沟通，了解顾客所关注或熟悉的事物，然后讲一个关于"他"的故事。

说到这里，可能有些销售人员要问了：每个顾客的兴趣各有不同，对于首次谋面的顾客，我们怎样才能更准确地捕捉到他的兴趣点呢？不着急，下面就向你介绍如何瞄准顾客的兴趣点。

### 第一，根据顾客的装扮捕捉兴趣点

在日常生活中，我们经常可以从他人的装扮来了解出其个性和兴趣。比如，一个打扮非常"潮"的人，可能对时尚非常感兴趣；一个经常带着 ipod 的人，可能对音乐感兴趣……只要我们在生活中注意观察周围的人和事，总是会在不经意间发现一个人的兴趣爱好。当然，销售讲故事也不例外，只要我们细心观察，用心分析，便可以很容易地从顾客的装扮中所透露出的信息，来捕捉顾客的兴趣点，进而讲述他自己的故事。

### 第二，学会察言观色捕捉兴趣点

对于首次谋面的顾客，我们要想捕捉到他的兴趣点，就必须学会察言观色。比如，在与顾客交谈的过程中，如果发现顾客用一只手摸着下巴做沉思状时，这就说明你说得不太明白，这时，最好不要一味地说下去，而是要停下来询问一下顾客，消除顾客的疑虑后，再继续进行。

一位优秀的销售人员，无论是在自己说话的时候，还是在顾客说话的时候，他的眼睛都会密切注视顾客的表情、神态甚至身体表现出来的细微动作。从这些动作中推测顾客的心理，捕捉顾客的兴趣点，投其所好地讲述他自己的故事。

另外，顾客的表情变化也是销售人员在讲销售故事的过程中把握交易成功与否的晴雨表。因此，学会察言观色，找到通往顾客内心的捷径，我们将更容易讲述他的故事。

### 第三，没有兴趣点，就制造兴趣点

如果我们不能从以上两个方面捕捉到顾客的兴趣点时，不妨试试制造一些兴趣点。比如，看到顾客带着小孩时，你可以夸一下"你的宝宝长得真可爱"；或看到顾客戴的首饰时，不妨说一声"你的首饰在哪里买的，真漂亮！"等等。这些话不仅可以缓和我们与顾客之间的气氛，还能制造出新的兴趣点，引导顾客交谈下去，从而让我们讲出销售故事。

你是个善于倾听的销售人员吗？

西方有句名言："上帝给了我们两只耳朵，却只给我们一张嘴，意思是要我们多听少说。"社会学家兰金也早就指出，在人们日常的语言交往活动（听、说、读、写）中，听的时间占45%，说的时间占30%，读的时间占16%，写的时间占9%。

不管是哲人，还是科学家，无一不向我们说明一个道理：倾听，在人们交往中居于非常重要的地位。同样，倾听也是一种非常有效的讲销售故事的技巧，尤其是在讲"他"的故事时，它是迈向成功的第一步。善于倾听是探知顾客内心的一把"金钥匙"，更是获得顾客信任，让顾客愿意听我们讲故事的前提条件。

前面的章节里告诉我们，讲述顾客自己的故事，要找出顾客的需求、定位目标消费群体、分析顾客的性格特征等，但不管如何做，首先必须让顾客有多一些开口说话的机会，只有这样，我们才能获得更多的关于顾客的信息。而让顾客多说话的最重要的技巧就是——倾听。当我们认真倾听顾客说话时，可以根据对方表达的意见，去分析、了解他的心思。

同时，倾听也是一种礼貌行为，当我们用心倾听顾客说话时，顾客会感受到我们对他的尊重，从而对我们的设防会慢慢放松。这样，可以让我们与顾客继续沟通下去，从而创造更好的机会将自己设计的故事引出来。

说到这里，如果你还不能领略到倾听对于讲销售故事的魅力，相信下面一则小故事，会让你有所领悟。

美国最负盛名的销售大师博恩·崔西，在涉足销售行业不久，就成功地说服了一位女士为她的11个儿子买了11项保险储蓄。而令人更为震惊的是，崔西这次成功的推销竟没有进行技巧性的讲故事，而只是认真倾听。

原来，这位女士的先生因意外去世不久，她正处在一个伤心、苦闷时期：时刻为儿子们的教育和未来担忧。面对女士的苦恼，崔西安静地倾听，并偶尔回应她几句安慰的话。最后，当女士讲完自己所有的遭遇后，崔西对女士说："亲爱的女士，让我为你讲一个故事吧，也许对你会有所帮助。"接下来，崔西向女士讲了一个和她类似遭遇的妇人的故事。在故事里妇人的丈夫不幸去世，留下三个孩子，这位母亲和她一样担忧，最后在朋友的建议下买了保险，即便自己没有能力抚养这几个孩子时，孩子的教育和未来也不至于很困难……

当女士含着泪听完崔西所讲的故事后，当即决定购买崔西所推销的保险。

崔西销售成功的故事告诉我们一个简单的道理：要想用故事打动顾客使其购买你的产品，首先就要善于倾听。从他人的谈话中获得关于他的信息，再讲出"一针见血"的故事，才能让销售有成功的可能。

倾听，对顾客讲销售故事，尤其是讲"他"的故事来说，有以下几个好处：

倾听可以让我们有时间来观察、了解顾客的性格特征，便于更好地站在顾客的角度，讲述顾客所需要的故事；

倾听可以让我们获得顾客了解的相关信息，找出顾客的真正需求；

倾听可以让顾客对销售人员产生信任，对接下来讲销售故事制造友好的氛围；

倾听不仅仅是对顾客的一般性礼貌，更是对顾客从心底里的尊重。

可见，学会倾听，从顾客的倾诉中，我们不仅可以借机观察对方，同时还可以从中获益。所以，真正懂得销售之道的销售高手在讲故事前会让对方畅所欲言，一方面对顾客的观点表示赞同，另一方面还会适当地加以询问，然后把顾客引导到预定的话题上来，从而掌控整个销售进程。

既然倾听对讲销售故事如此重要，那么，在讲故事的过程中或讲故事之前，我们应该如何做到有效倾听呢？别着急，接着往下看，你会得到你想要的答案。

**第一，讲故事之前，专注地听顾客谈话，及时回应顾客**

很多销售人员在讲故事之前，都会先与顾客交流，而在与顾客交流时就要心无旁骛地倾听，及时回应顾客。哪怕同样的话，你听过100遍，也要把它当成第一遍来听。同时，在顾客倾诉的过程中要及时回应，表明他讲的话正受到关注，从而有兴趣和你交流下去，我们也就因此可以获得顾客的需求信息了。

**第二，选择适当时机巧妙地提问，核实你所需要的信息**

当我们在认真倾听顾客讲话的同时，也要抓住时机向顾客提问，核实我们所需要的信息。这样做不仅让顾客感觉到我们对他的重视，还可以为讲述顾客的故事做好充分准备。

**第三，注意倾听时的礼仪**

当我们在倾听顾客讲故事时，要保持正确的销售礼仪。比如，在倾听的过程中，不要东张西望，与顾客的视线保持平行；在进行提问的时候，要用礼貌语征得顾客的同意等。关于销售具体的礼仪这里不详述，这需要我们在平常的销售过程中注意学习和积累。注重倾听的礼仪可以让我们成为一个有素质、有修养的人，让顾客对我们产生信任感。

知道了倾听对销售的作用及如何有效地倾听，接下来就看你自己的了。好好反省一下：你是个善于倾听的销售人员吗？如果不是，那么请你仔细地阅读本节，并按照本节所传授的技巧行动起来吧！

## 抓住顾客的兴奋点讲故事

销售在讲述"他"的故事时，善于抓住顾客的兴奋点，也是使销售达成目的的一个策略。对于一个销售人员来说，抓住了顾客的兴奋点，便可以轻易地将自己的故事引出来。一个高明的销售人员，在与顾客的话语和神态中，一定能捕捉到许多有利于自己讲故事的信息，以此来策划下一步将要如何进行下去。

每个人都有他的兴奋点，那么什么是一个人的兴奋点呢？所谓的兴奋点其实就是，人在潜意识里有那么一个敏感区域，在受到刺激时很容易引起兴奋。比如，一个嗜酒如命的人，酒和喝酒就是他的兴奋点；一个特别喜欢养狗的人，关于狗的话题就是他的兴奋点。那么，与这两种人交流时，多说酒和狗就可以将话题很好地延伸下去。

在向顾客进行销售时，很多时候是顾客在听，我们在说。如果我们只顾自己说话，没有很好的洞察力，看不出对方的情绪变化，就无法揣摩出顾客的心思，就会为讲故事销售工作带来困难。反之，一个懂得察言观色的销售人员，一定能够感受到顾客的情绪变化，哪怕只是一些细微的变化。大家可能都知道，一个人在情绪好的时候，往往很好说话，这时讲销售故事比较容易取得好的效果。所以，当我们找到了顾客的兴奋点后，就可以顺利地开展故事销售了。

周阳是一家游戏软件公司的推销员。一次，周阳到某地去推销自己公司的产品，当他来到一家朋友事先打过招呼的小公司时，业务员爱答不理地对他点了一下头，然后继续趴在电脑前玩他的游戏。十几分钟后，他依然没有搭话的意思。周阳想："这怎么行？自己还有很多事情要办呢！"于是，他先开了腔："您好，我就是前几天张刚跟你们说的那个人，听说你们这里用得上我们的产品，所以，我今天带了一些样品，麻烦您看一下。"

半晌，业务员才说了一句话："你先等会儿不行啊！"周阳无奈，只好保持沉默，重新坐下。过了一会儿，见业务员还没有和他谈的意思，周阳站了起来，走到业务员的身边。周阳平时也喜欢玩游戏，所以，一眼就看出了那个业务员正在玩的是什么游戏，于是，他就站在业务员的身边，有一句没一句地聊起了这款游戏。还说自己到了怎样的等级，都有什么装备，在玩这个游戏的时候，遇到过什么样的强手和弱手。聊着聊着，业务员玩完了一局后，自动地停下了手中的游戏，开始与他攀谈起来，当然最初的内容还是游戏方面的。

但是，通过游戏这一媒介，业务员显然不再对周阳置之不理了，而且主动地问起了周阳公司的情况，并看了周阳的样品，对样品也比较满意。周阳抓住时机，向业务员讲了一个"如何利用他的产品把游戏玩得更好的故事"。故事讲完后，周阳此行的目的就达到了。他与那位业务员成了朋友，而这个公司也成了他的长久客户。

对于故事中的业务员是不是真的是一个游戏迷，抑或是有意不想理睬周阳，这都不重要，重要的是周阳了解了业务员的兴奋点后，不失时机，顺藤而下，以游戏的话题为切入点，打破了被置之不理的尴尬局面，通过讲述"他"的故事，成功地将自己的产品销售了出去。

在讲述"他"的故事时，找到顾客的兴奋点非常重要。因为只有让顾客兴奋起来，他才能更多地向我们吐露自己的心声，使我们对他的了解更加深入。同时，当顾客处于兴奋的时候，防范心理会松懈，所以，更容易切入各类销售故事。

那么，我们在讲销售故事的过程中，如何快速准确地捕捉住顾客的兴奋点呢？

这就要求我们要善于观察，不放过顾客肢体和神态上的任何变化，而有时候越是细微的变化，越能透露他的真实情绪，因为人们都有自我保护意识，所以往往会隐藏自己。这时，能否捕捉住顾客的情绪变化，就看我们是否有敏锐的洞察力了。这个需要我们平时多注意观察人，做个有心人。

## 给他讲一个"软绵绵"的故事

顾客，对于销售人员来说，既是我们最需要的"朋友"，又是最令我们头疼的"敌人"。没有哪个顾客一开始就被我们所讲的销售故事完全说服，从而购买产品的，他们的身上常常带有一些刺人的"棱角"。面对这些棱角，我们要学会站在对方的角度，以柔克刚，给他一个"软绵绵"的故事，用故事里的"软话"去说服顾客，从而达到说服顾客购买产品的目的。

先来看一个故事吧。

一位小姐走进了商场某品牌服装的专柜，试了好几件衣服。当她又穿着一件衣服从试衣间里走出来，照了照镜子说："这件衣服太长。"这时，站在旁边的售货员小玲笑着对顾客说："这件衣服是长款，是今年最流行的。你长得这么高，身材这么好，再加长你的头发长，穿上这件衣服很显气质。你要是穿着这件衣服走在大街上，一定会迷倒很多人的。"这位小姐听了，立即买了这件衣服，高兴而去。

几天后，另一位女士走进了店里，试了一件短款外套，照了照镜子说："这件衣服太短了。"这时，在旁边观察女士的小玲发现这位顾客不高，腿比较短，于是，她心里有数了。她微笑着走过去对女士讲道："这是今年的新款，你穿上后显得腿特别长。你一定没有发现，你穿上这件衣服后，看起来特别精神，如果你现在走出去，人们肯定以为你是一个大学生呢！"女士听完小玲的故事后，买了衣服，欣喜而去。

在看完小玲的案例之后，相信你一定会为小玲的高超销售技巧拍手称赞。是的，面对有些挑剔的顾客，良好的态度固然重要（小玲面对顾客一直保持微笑），但是站在顾客的角度，讲一个关于他自己的"软绵绵"的故事，用故事里的"软话"去说服顾客。一个带有"软话"的故事就好像好吃的糖果，鲜活生动，大多数人都会喜欢。

相反，面对顾客的挑剔，如果我们只知道一味地辩解，没有站在顾客的角度去思考，只会让矛盾激化。这样即使我们在理论上或者气势上战胜了对方，但同时也失去了顾客，失去了一次成交的机会。所以，我们不妨换个技巧，学会以柔克刚，灵活掌握"软语"故事的含义与运用技巧。

**第一，以顾客的利益为重**

顾客是我们获得利益的重要来源。所以，我们在讲销售故事的过程中，首先要以顾客的利益为重，设身处地地为顾客着想，然后设计一个以顾客利益为重的故事去说服顾客购买产品。反观上面小玲讲故事进行销售的过程，面对第一个顾客，她注意到第二个顾客的头发很长，于是讲了一个穿上很显气质的故事；她注意到第二个顾客的腿比较短，于是讲了一个穿上很显腿长的故事。这两个故事都是以顾客的利益为重的故事，是我们讲销售故事时值得借鉴的。

**第二，抓住顾客的"软肋"，向顾客讲一个刺激他"软肋"的故事**

作为销售人员，我们要与形形色色的顾客打交道，难免会遇到事多、难缠的顾客。但不管顾客多么难缠，总会有他们的"软肋"。我们在与他们沟通的过程中，要了解顾客的喜好，然后抓住顾客的"软肋"，向顾客讲一个刺激他"软肋"的故事，在轻松愉悦和不知不觉中磨去顾客的"棱角"，把顾客引向交易，直至成功。

行动胜于空想，这样的大道理谁都懂，关键是看你能否下定决心去做。接下来就看你的了！

# 第六章
## 用故事揭示利害、用实例阐明得失
## ——以利诱人

### 利害得失是做购买决策时的首要依据

作为销售人员，不管我们讲什么样的故事给顾客听，有一点是必须要明白的：我们卖给顾客的不仅仅是产品，而是产品带给顾客的好处——产品能够满足客户什么样的需求，为客户带来什么好处。

"天下熙熙，皆为利来；天下攘攘，皆为利往。"追逐利益，是人们的天性。很多时候，在销售的过程中，我们与顾客唇枪舌剑、针锋相对，这就是人们逐利心理的具体表现。

在向顾客讲销售故事时，如果我们明明白白地让客户感受到，我们的产品将给他带来哪些实实在在的好处时，顾客就会心甘情愿地接受我们的产品了。所以，利害得失才是做购买决策时的首要依据。

明白这一点后，我们在向顾客讲故事时，首先就要找出顾客购买我们所销售的产品将会得到什么，然后用故事揭示利害、用实例阐明得失。

为了很好地阐述这一点，下面我们一起来看一个案例。

一位空调销售员向一位妇人推销空调，他给妇人讲了好几个让人一听就会感兴趣的故事，可是这位妇人还是摇头。最后，妇人告诉销售员她不买空调，是因为她认为空调很费电。听了妇人的话，销售员心里明白了，接着他给女人讲了另一个故事，这个故事是这样的："我的奶奶是个节俭的人，晚上不到天完全黑下来是绝对不会开灯的。她住的屋子不透风，夏天很热，我们一直想给她安装一台空调，可她硬是不答应，说空调浪费电。当我做了空调销售员以后，知道我们的空调特别省电，于是，我出钱给她安装了一台。安装好以后，刚开始她不敢用，怕费电。可那一个月，我天天下班后回家去陪她，逼着她开空调。一个月过后，交电费时，发现电费仅仅比原来多了5度。因为她原来虽然不开空调，但会开两个风扇。而且风扇又容易引起感冒。我奶奶自从发现空调不费电以后，现在天天开着空调，逢人就说这空调好。"

当销售员把这个故事讲给这个妇人听后，她马上决定购买空调。不为别的，因为她从故事中感受到了实实在在的好处——不费电。

在销售过程中，我们所销售的产品以及遇到的每一个顾客，都有自己的利益点。作为销售人员，我们最主要的工作就是找出顾客的利益点，然后给顾客讲一个"以利诱人"的故事。

那么，面对品牌知名度、性能、价格、质量等都差不多的众多竞争产品，我们应该如何让顾客感觉到我们的产品更"动人"呢？简言之，我们如何抓住顾客的利益点讲故事呢？

一般来说，我们可以向顾客提供的利益包括以下几个方面：

### 第一，安全是顾客做出购买决策最关心的利益点

不管我们所销售的是什么样的产品，安全一直是顾客决定购买产品时考虑的重要因素之一。比如，一位推销玩具的销售员，每次都会在顾客难以做出购买决策时，给顾客讲一个关于玩具安全的故事。就是这样一个故事，让她的销售额比别人多出几倍。所以，安全是顾客做出购买决策最关心的利益点。

### 第二，性价比也是顾客选购产品的重要指标

在顾客的利益点中，性价比是顾客做出购买决定的重要指标。所谓性价比，是指产品的性能值与价格值之比，是反映物品可买程度的一种量化的计量方式。如果我们所面临的顾客对价格比较看重，那么我们在讲销售故事时，要在故事中反映我们所销售的产品性价比很高。否则，即使我们

的故事讲得再完美,也不能使他做出购买决策。

### 第三,用公司打出的市场宣传广告为自己的销售故事做佐证

顾客通常会有这样一种心理:认为广告上能看到的和大型商场里的产品都是好的。所以,作为销售人员,我们抓住顾客的这种心理,在讲销售故事时,用公司的宣传广告为自己的故事做证。但应用这一方法的前提是:你所销售的产品有一个好的品牌形象。如若不然,你所销售的产品是像三鹿奶粉一样留给顾客的是厌恶的话,那你就千万不要用此方法。

### 第四,产品的象征意义也可成为利益点

我们所销售的产品能带给顾客的利益,除了安全、性价比带给顾客的实惠,也包括品牌的声誉带给顾客的心理满足感。比如,LV的包包、奔驰汽车,它们带给顾客的是身份的象征,而这个就是该产品的利益点。我们在面临这样的顾客时,不妨从此处着手设计故事,找出最关心的利益点。

### 第五,产品的独特利益吸引人

用自己产品独特的利益吸引顾客。比如,"我们的沐浴露有带有草莓味的泡泡,不仅让宝宝的皮肤变得柔滑,更让宝宝爱上洗澡……"当我们向顾客讲销售故事时,可以从产品的服务、质量等多方面寻找与众不同的利益点,利用这个利益点讲故事,让顾客被你所讲述的利益点吸引,从而做出购买决策。

最后,需要提醒各位销售人员的是:每个顾客的爱好是不一样的,能够让顾客做出购买决策的利益点究竟是什么,需要销售人员在实践中去发掘。只要找出满足顾客的需求,或解决顾客的问题,这个利益就有无穷的价值,为鱼儿制出不同的香饵,从而钓得大鱼,这样的销售故事才会有存在的价值。

## 选对时机讲故事

在现实生活中，有很多销售人员可以在一分钟内想出好几个精彩的故事，而且每个故事都堪称精美。但当他们把这些设计好的故事讲给顾客听后，效果却并不好，很多顾客甚至对他们所讲的故事有些反感。这是为什么呢？

答案很简单，因为这些销售人员把精力都用在如何设计完美的故事上面，结果反倒忽视了一个很重要的因素：讲故事的时机。如果我们讲故事没有选对时机，那么，即使故事再好，对于销售来说也是无用功。

俗话说"天时、地利、人和"，讲故事的时机不只是包括讲故事的时间，还包括销售人群和销售市场。为"讲故事"寻找一个合适的落脚点，把故事讲得恰到好处，是讲销售故事获取成功的重要前提。为什么时机对讲销售故事如此重要呢？因为不管故事的内容多么精彩，只有在正确的时间和正确的地点讲给合适的人听才有效果。

匡威就是一个善于抓住时机讲故事的高手。

当美国职业篮球在全世界兴起时，匡威抓住这个时机，向消费者讲了一个"指定篮球鞋"的故事，凭着这个故事，匡威成功地打入了美国市场。

第二次世界大战期间，匡威抓住时机，给消费者讲了一个"在诺曼底战役中，强攻滩头的骑兵突击队之所以敢在高峭的山崖上奋勇攀登，是因为他们知道自己脚上穿的那双匡威靴子绝对不会打滑"的故事。凭着这个故事，匡威生产、销售了大量的军靴、军服和军帽。

同样，抓住这次战争讲销售故事的还有两个品牌：可口可乐和Zippo。可口可乐为消费者讲了一个"随时随地都能喝到"的故事。Zippo给消费者讲了一个"大雨天也不会被浇灭火芯的火机"的故事。

不管是匡威、可口可乐还是Zippo，它们讲故事的高明之处就在于善于抓住讲故事的时机，把故事的主体转嫁到了参战的美军官兵身上，不仅大大提升了产品的知名度，也使销售额随着战争的胜利结束而变得越来越高。

诚然，时机，是很难把握的，它要求营销人员准确把握消费需求和市场动向，在合适的时间讲合适的故事。如何为我们的故事选取准确的讲述时机呢？这里有以下三点需要注意：

**第一，确定产品的受众人群**

确定品牌的受众人群就是把故事讲给合适的人听。比如，你的产品是女性护肤方面的，那么，你就应当以女性消费者作为讲故事的切入点，放弃其他类型的消费人群。

**第二，确定产品自我制约的一面**

每个产品都有着自我制约的一面，不可能我们所讲的故事所有的消费者都能听。比如，父母肯定不愿意和孩子一起听壮阳药的故事。

**第三，要主动学习建立有效的市场推广反馈机制**

作为销售人员，要主动学习建立有效的市场推广反馈机制，通过市场信息，决定讲故事的时机，从而获得销售成功。

如今是移动互联网时代，信息的泛滥，产品的丰富，同质化的严重，这些都要求销售人员具有更高的讲故事的技巧。选择对的时机讲对的故事是销售人员的一门必修课。

## 循循善诱，水到渠成

在现实生活中，我们总会看到这样一幅场景：在各大彩票售卖点，总是会有许多人。这是为什么呢？原因就是彩票所产生的利益对人们产生诱惑。我们在向顾客讲销售故事时，完全可以利用人们难以抗拒诱惑的特点，在故事中抛出"诱饵"，吊足顾客的胃口，让财源滚滚而来。

引诱的方式虽然有很多，但最根本的还是离不开"利"。齐特·威廉姆斯是英国最成功的诱导推销大师。不同的是，威廉姆斯并不是一个职业推销商，而是一个作家。我们一起来看看有关他的神奇的推销故事。

威廉姆斯撰写的儿童读物《化装舞会》，主要写的是小读者根据书中的字和图画猜出一件"宝物"的埋藏地点。"宝物"是一只制作极为精巧、价格高昂的金质野兔。该书出版后，不但数以万计的青少年儿童，而且各阶层的成年人也都怀着浓厚的兴趣，按自己从书中得到的启示，在英国各地寻宝。这次寻宝历时两年多，在英国的土地上留下了无数被挖掘的洞穴。最后，一位48岁的工程师在伦敦西北的浅德福希尔村发现了这只金兔，一场群体性探宝的运动才告结束。而这时，《化装舞会》已经销售了200多万册。

当这本书的销售高潮过去以后，威廉姆斯又出新招，写了一本仅有30页的小册子，描写的是一个养蜂者和一年四个季节的变化，并附有16幅精制的彩色插图。书中的文化和幻想式的图画包含着一个深奥的谜语，那就是该书的名字。此书同时在7个国家发行。这是一本独特的、没有书名的书。威廉姆斯要求不同国籍的读者猜出该书的名字，猜中者可以得到一个镶有各色宝石的金质蜂王饰物，乃无价之宝。通过这一利诱，一年后，该书已经发行数百万册，获奖者是谁无从知晓，但威廉姆斯本人却早已成为家喻户晓的人物了。

看了上面关于威廉姆斯推销的故事,你是不是想竖起大拇指为他点赞?不管是与否,威廉姆斯的推销技巧值得我们每一个人好好学习。

威廉姆斯之所以如此成功地把本书推销出去,其技巧就在于他给顾客讲了一个价值连城的故事,在这个故事中,他利用"寻宝"做诱饵,勾起人们的好奇心,激发人们去"寻宝",而要"寻宝"就必须要购买他的书。这是一个典型的利用故事里的利益引诱销售的成功例子。

然而,这并不是说利用故事里的利益引诱销售只能用于短期促销,也不是说"诱饵"一定要是"宝物"。事实上,如果故事里的引诱得当,就能够引诱顾客成为长期的"忠实追随者"。

下面,我们不妨再来看一个利用故事里的利益引诱销售的实例。

雅诗兰黛曾经做过一个销售。首先,销售人员拿着皮肤检验器拜访顾客,帮助顾客检验皮肤。用仪器检验后,销售人员说道:"你的皮肤是属于碱性的脂肪性皮肤(或其他),这种皮肤有些不正常。"

爱美的女士被销售人员这么一讲,就发起慌来:"我该怎么办才好呢?"于是销售人员马上顺水推舟,以美容专家的身份,给顾客讲述"某某顾客没有用他们产品之前是什么样,用了之后又是什么样"的故事。讲完后,又帮顾客进行短时间的美容护肤。等整个流程完成后,85%的顾客都选择了购买产品。

实际上,利用利益引诱销售数不胜数,方法也各有其招,有的是在故事中加入附赠礼品、发送赠券等。但不管是什么样的方法,唯一不变的是以"利"引诱顾客购买产品。

知道了这一点后,你还在犹豫什么?赶快为你的销售设计一个"诱人"的故事吧,说不定,你的下一份订单就能成功。

## 创新，是能撬动顾客整体利益的最佳杠杆支点

要知道，没有创意，一切就是低水平的重复，墨守成规、因循守旧式的销售方式早已不适应时代的发展，原地踏步只能终生做个平庸的销售人员。成功的销售人员，往往就是那些不愿因循守旧而敢于大胆创新的人。只有不断创新，处处创新，才能够与众不同，迅速打开市场。

如果将销售看作是我们不断向顾客提供购买理由同时化解顾客异议的过程，那么，创新意味着我们能创造性地为顾客发现新的、顾客认可的购买理由，同时巧妙地消除顾客的心理防范。

一个好的销售故事不仅可以感动顾客，也往往为顾客提供新的思维方式和启迪。在讲销售故事的背后，往往需要我们了解顾客的购买意图，于平凡处着眼，创新故事。一个富有创新能力的销售人员，往往会采用"情理之中"却又是"意料之外"的故事思路，引导顾客做出购买决定。顾客购买的过程是得到快乐的过程，而创新则是我们讲销售故事时找到能撬动顾客整体利益的最佳杠杆支点。

那么，我们在讲销售故事时，应该如何进行创新呢？这里有两个有效的方法。

**第一，引导顾客注意以前没有意识到的产品存在的价值**

通过讲销售故事，我们引导顾客注意以前没有意识到的产品存在的价值。有这样一个经典的案例：

脑白金——今年过节不收礼，收礼只收脑白金。

在这个一句话故事里，脑白金巧妙地避开了与同类型的保健型产品的定位，将脑白金锁定在送给家里老人、体弱者的礼品型产品。通过这样的引导，脑白金将自己从单纯的保健品市场抽离出来，通过讲述过节送礼的

故事，让消费者受到亲和爱的启迪。

**第二，借用"我"的故事为产品增加价值**

一个产品，除了一眼可见、能带给顾客的好处外，我们通过想象力构思故事，从而让顾客通过购买产品而获得额外的、更大的利益与好处。比如，巧克力一般只作为糖果销售，但是在每年情人节时，它就被赋予了不同的意义，成为情人们的专属礼物。但巧克力是不是就只有这一种销售场景呢？当然不是，下面就有一个精彩的个案：

一位年轻小伙子在巧克力专柜前徘徊，专柜售货小姐注意到他，便对他说："请问有什么可以帮你呢？"小伙子脸红了，表情甜蜜又忸怩地说："我想买点礼物给一个朋友，可是不知道买什么好。"

售货小姐想了想，对他讲道："我和现在的这个男友拍拖以前，曾收到他送的巧克力。糖果本身就不说了，它是瑞士进口的，口感很纯。值得一提的是，这种巧克力的外包装上印着一首小诗，而且巧克力里面的包装上还印有不同的句子。我非常喜欢，之后才答应和他交往的。如今，我们就要结婚了。"

小伙子听了售货小姐的故事后，立刻拿了两盒巧克力直奔收银台了。

这个案例中的售货小姐是借用了增加产品价值的方式来创新自己的故事。她在讲自己的故事时，最先陈述了产品的普通卖点，然后针对面前这位小伙子的真正需求，借用自己的故事来向小伙子传递了一个新的信息：这种巧克力的包装可以为你传递爱恋情感，巧克力作为礼物的附加价值就得到了体现。

用创造价值、增加价值的方法，为你的顾客构思一个故事，相信你会得到意想不到的收获。

如果你了解了创新对于讲销售故事的妙用，那么，现在就转动你的思维，也许你突如其来的灵机一动，会让你的故事变得妙不可言！

## 将所有的要点都集中在一个故事里

在本节开始之前,问大家一个问题:你喜欢"白雪公主"的故事吗?

喜欢!不喜欢!

如果你把这个问题拿到大街上去问所有的过路人,你会发现一个很现实的问题:即便是"白雪公主"这样的故事流传多年已成经典,也未必会受到所有人的喜欢。

事实上,一个再好的故事,能有三分之一的人喜欢它就不错了。让所有人都喜欢我们的故事,购买我们的产品,这是上帝也无法做到的事情。

先来看一个故事。

许金凤大学毕业以后去了胜利公司做了一名销售人员,被安排在公司的直营店实习。一天,有一位顾客来到店中,想为自己和家人买几支羽毛球拍,但他本人并不懂得如何甄选。热情的许金凤首先为顾客推荐了经典款"超级纳米"系列,并详细介绍了该款羽毛球拍的性能和价格优势,并讲了"纳米6"和"纳米7"被球友们戏称为"君子淑女剑"的故事。

顾客听了许金凤的故事后,犹豫不决,似乎对这种中档产品有所质疑。于是许金凤又向顾客推荐"超级波"系列,并给顾客讲述了韩国名将郑在成对这支球拍情有独钟,以至于不愿依照公司要求换新拍的故事。

听到这里,顾客似乎已经对"超级波"有些动心了,但许金凤本着全方位的服务精神,又不厌其烦地为顾客推荐本公司主打的"亮剑"系列,从"亮剑08"到"亮剑李龙大",她几乎一个不落地介绍过来,并且为每一支羽毛球拍都附上了一则名人逸事的故事。

当她讲完后,让本来已经决定购买"超级波"的顾客非常为难,陷入了鱼与熊掌不能兼得的困扰之中,最后顾客什么也没买,只是带着遗憾离开了。看着顾客的背影，许金凤心中满是不解：她为顾客讲了这么多精心准备的故事，而且每一个故事都提示了利害，为何顾客还是不买？

不少刚学习讲销售故事的销售人员，由于经验欠缺或缺少讲销售故事的技巧，都会像许金凤那样存在这个想当然的误区：有了充足的故事，顾客就会喜欢我们讲的故事。事实上，这个想法本身已经违背了讲故事进行销售的精髓。

不管是什么技巧，最终的目的是达成交易，过多的故事虽然很吸引人，但也正是其软肋所在：故事越多，顾客越不愿意做出购买决定，越想让顾客喜欢我们所讲的一切故事，顾客越不喜欢。

销售中讲故事也是一样，为了让顾客做出购买决定，我们不要企图向顾客讲多个故事或在一个故事里讲太多的因素，而是应该给顾客只讲一个故事，并在这个故事里把所有的要点都集中起来。要避免犯像上述案例中销售员许金凤那样的错误。

反观现实中的销售，那些试图通过多个故事来让顾客迅速做出购买决定的销售人员，最终什么也没得到；反而那些只给顾客讲了一个故事的销售人员，却能取得很好的销售效果。因为这一个故事里包括我们所有的要点。

说到这里，有必要再重申一次讲故事销售：销售是框架和过程，成交是目标，作为核心的故事则是完成目标的手段。把这几项分开看待后，我们就应该有所领悟：我们在讲故事进行销售的过程中，侧重点是讲故事不假，但讲故事始终是为最终的成交目标服务的。所以，我们讲故事不是以多而论。

那么，按照这个指引，在开展讲故事以进行销售之前，我们就应该明确，自己的工作到底是用故事宣传产品的特色和优势，还是利用故事引导顾客思维，坚定对方的购买信心，尽量降低他们面对产品时的选择难度？

你看过戈尔的纪录片《难以忽视的真相》吗？如果没有看过，建议你去看看。因为从这部纪录片中可以看到，戈尔不再单调地通过讲述大量事件来达到自己的演讲目的，而是针对某一要点来叙述故事。在故事中他开诚布公地谈到了自己家的烟叶农场，以及这个农场很有可能就是使他姐姐患上肺癌而去世的元凶之一。

娓娓道来的故事显然更能让人接受，而在抛弃了要讲"很多煽情"故事的目的后，戈尔在演讲时不再给公众以华而不实的印象，适度的自嘲和调侃都使得这个演讲达到了前所未有的成功效果。

抛开戈尔的演讲是否科学不说，仅从故事的表述来看，他的演讲之所以能吸引听众继续关注，就在于从一开始，他就站在某一个要点上讲述自己的故事，这个意图非常清晰，于是才引人入胜。

作为销售人员，我们想要使用合理的讲销售故事的技巧赢得顾客的信任，并最终达成交易，就应该学习戈尔的方法，将所有的要点集中在一个故事上。那么怎么才能有技巧地将所有的要点集中在一个故事里呢？我们继续以开头许金凤的事例作参照：

许金凤接待的顾客并非行家里手，对产品的认知度非常低。即便许金凤后来没有深入了解，也应该通过三言两语就能察觉到。一旦认识到这点，许金凤就应该立即临场构思故事：顾客并不看重品牌，也不看重性能，他对产品的看法基本上就是一般人的看法。所以在这里，影响顾客购买行为的是产品的价位和名人的导向作用。确立了这一点，许金凤甚至不需要花多大力气，只要让顾客在最短的时间内听到她所推荐的这款球拍是世界冠军的最爱这样一个故事就足够了。

聪明的销售人员都对自己的顾客有清醒的认识，谨慎地设计出一个能够揭示利害、阐明得失的故事，集中在这一点上，然后耐心地去讲好它。这是因为，每个人的利益点都是不一样的，如果我们妄想"吞下"整个市场，那么我们不是被"噎着"，就是根本"吞不下"。

不管做什么事，野心太大都不是件好事。再好的作家也只能取悦某一特定的群体；再好的创意也仅能满足一小部分人的需求。所以，当你萌生出想让自己讲的故事所有顾客都喜欢的想法时，一定要先审视一下这是否是一个于己不利的陷阱，而不是急着往前迈步。

## 把主题和中心思想尽快讲出来

"讲故事"这三个字不是让我们去说相声,而是让我们在最短的时间,展示最大的利益,让顾客做出购买决定。仔细观察那些讲故事销售成功的人,你会发现有的故事并不出色,甚至情节出入还比较大,为什么却成功了呢?因为他们在一开始就在顾客面前说出了故事的主题和中心思想,激发了顾客的兴趣。

为了更形象地阐述这一点,我们来看著名销售大王乔·吉拉德的故事。

在乔·吉拉德刚开始做销售员时,一次,他向一个公司的高管销售自己的产品。在见到这位高管时,他的思路是要向对方证明自己的产品是有前景的,是值得他们拿出几千万美元来购买的,于是他就把所有产品的利益点都列了出来,分别塞进了自己设计的故事情节中,无一遗漏。就像拍电影一样,把拍下来的所有好镜头统统塞进胶片中,然后合成一部电影。

乔·吉拉德觉得这位高管听了他的故事后,一定能看到产品的利益点,但这样的呈现方式却是"开门不见山",他发现效果很不好。那位高管听了一会儿就眉头紧锁,再听一会儿就开始揉眼睛打哈欠了。后来他干脆无精打采地对乔·吉拉德说:"先生,你能不能用几句话简单地把中心思想告诉我,没必要讲这么多东西嘛!"这时,乔·吉拉德才发现,原来讲故事进行销售的首要任务不是向顾客证明自己的产品有多好,而是把主题和中心思想尽快说出来,引发他的兴趣——只要做到这一点就可以了。

看完乔·吉拉德的故事,相信你已经明白了本节的重点——把主题和中心思想尽快说出来,激发他的兴趣。那么,接下来,你可能要问:如何才能在故事中开门见山地把主题和中心思想尽快说出来,引发他的兴趣呢?

这正是下面要告诉你的。

**第一，先把"这个产品为什么值得购买"的问题讲出来、讲明白**

我们不能仅仅满足于把故事讲清楚，把目的说出来，而是应该考虑一下听故事的人的心理：他们究竟想什么，想从我们这里得到什么？拿拍电影来说，电影导演要表达的主旨我们是清楚的，已经写在剧本中了，但如果叙述手法不好的话，即便故事讲清楚了主题，观众也未必爱看。所以，开门见山，对我们的要求就是先把"这个产品为什么值得购买"的问题讲出来、讲明白。也就是说，去分析一下相关的市场，让顾客在一开始就确信，我们销售的产品是最好的。

**第二，在最短的时间内体现产品的亮点**

如何在最短的时间内体现产品的亮点，这也属于开门见山的范畴。一个好故事自然是有亮点的，但怎么说出来？特别在时间有限的情况下，如果我们讲完了却突然发现有些亮点根本没有讲到，此时应该怎么办呢？下面就是具体的做法：

设置提问环节。在讲述故事前，把那些与故事逻辑无关的东西放到一边，不去管它。先把重要的亮点介绍完，让顾客明白我们的重点是什么。这些无关又有亮点的材料怎么用呢？我们可以设置一个提问环节，把这些问题事先埋下，引导顾客提问，然后由我们说出答案，这是最好的方式。

自问自答。如果你实在不擅长给顾客"埋雷"，诱导他们主动提问，那也没有关系。你可以等主要的故事都说完了以后，在达到了初步的目的之后，设置一个常见的问答环节，自问自答，补充式地讲述这些次要亮点。

你所讲述的销售故事为什么不成功？想想看，是不是在一开始就没把主题和中心思想说出来，没有引发顾客的兴趣？如果是这样，现在开始按照上述方法进行改正，为时不晚。

## 在故事中正话反说

在讲故事的销售过程中，我们时常会有这样的疑惑：为了用故事揭示利害，阐明得失，我们总会千方百计地让顾客知道拥有这个产品会有多么大的好处，对于他来说是多么有利可图的一件事。可是顾客听了以后，常常是无动于衷。而如果我们对顾客说如果不这样做会有什么损失，他将会多么遗憾，效果却好得出奇。

归根结底，这都是缘于人们强大的自我保护意识。人类是非常善于保护自己的，每一个关口都有一道坚固的防线，保护着自己避免外界的入侵，不到万不得已，是不会撤下自己的防线让他人进入的。而当我们不经意间在故事中说出不利的结果时，人们往往会因为不利的结果而产生的不安或惶恐将防线撤下，从而很轻易地被说服。

大量的实践证明，这种"正话反说"在讲销售故事中是具有非常好的效果的，尤其是涉及对方利益时。下面我们一起来看一个从正面讲故事和从反面讲故事的案例。

李扬是一家保险公司的销售人员，一天，他上门向一位白领推销保险，他讲了这样一个故事："陈先生，如果您买这个保险，每月存入3000元，那么20年之后，光是您自己的本金就有72万元。不仅如此，这期间还有利息和公司的分红，20年后，您就可以不用为您的退休生活苦恼了，因为已经有一大笔钱在您的账号上，您只管享受就好了。"

当他的故事讲完后，这位陈先生没有任何表示，只是专心地做着自己手中的事。李扬只好落寞地走了。过了一段时间，李扬再次登门向这位白领推销保险，他讲道："陈先生，您现在的生活确实不错，可是20年后您退休了呢？根据调查，我们身边有80%的人都是在退休之后，指望着儿女的扶持才能很稳定地生活。可是，现在年轻人压力这么大，而且现在的年轻人与我们的生活观念存在很大的差异，他们非常不善于储蓄，每个月的储蓄率连我们的一半都不及，而到您年老时，他们可能连自己都无法照顾好，还能照顾到您吗？就算您不为自己想，也要提前为儿女们存下一笔钱防患于未然啊！"

让他意想不到的是，陈先生在听完他的这个故事后，毅然下了决心，每月拿出3000元去买这份防患于未然的保险。

研究结果表明，人在听完积极的、向上的话后，其情绪也会被这种积极性所影响，从而感到放松甚至愉悦，而在这种状态下，人都是有惰性的，不愿意去改变已经感到非常满足的现状。而人们在听完这种积极的信息后，如果只是微笑着点点头却没有采取任何的行动，那么这个故事就是不成功的。相反，一个人在听完负面的、消极的消息后，其情绪就会被负面消息所感染，出现不同程度的惶恐不安、担惊受怕，这时就需要采取一些行动去改变这个不安的局面，而当我们故事中给出策略和改变的希望时，他就会按照我们的想法进行活动。

为了让你更好地明白在故事中正话反说的效果，我们一起来看加州大学的教授曾经做过的一个实验。

他们将学生分为两组，分别扮作电力公司的员工去告诉同一个小区里的两组人，要节约能源。

第一组学生是这样对小区里的一组人说的："如果你们能够节约能源，那么你们每天都会多出50美分的收益。"

第二组学生是这样对小区里的一组人说的："如果你们不节约能源，你们每天都将会损失50美分。"

一段时间过后，小区里的第二组人在节约能源方面比第一组人整整高出了3倍。

同样都是50美分的收益，但告诉人们损失却比告诉人们收益要高出3倍的说服力。如果你掌握了这点，那么在以后的讲故事进行销售的过程中，就不用再为顾客的拒绝而苦恼了，你只需在故事中揭示利害的时候，暗示一下如果不这样做，他会有多少损失就可以了。

那么，我们应该如何在故事里正话反说呢？

英国前首相丘吉尔说："当一个人面对危险背过身去打算逃避时，危险就加剧了。"很多人都知道这种"正话反说"很有效。一个讲故事销售的高手，会在讲故事之前千方百计地揣摩顾客的心理意图，而一旦掌握了顾客的心理，施以巧计，在故事里正面、反面一同刺激，成功说服顾客就是早晚的事了。

大家都知道"唐雎不辱使命"的故事。唐雎为什么能在强盛的秦国、强大的秦王面前不辱使命成功地说服秦王取消攻打小小安陵的意图？就是因为唐雎踩到了秦王的命门：秦王看重自己的性命胜过一切。而唐雎则以自己的性命相要挟："专诸在刺杀吴王僚之前，有彗星的尾巴扫过月亮作为先兆；聂政在刺杀韩傀之前，有白虹冲向太阳作为先兆；要离在刺杀庆忌之前，有苍鹰扑击殿上作为先兆。今天，我就是那第四个人。我们布衣之士发起怒来虽然血只能流五步之远，但是天下的人都要为这五步之远的血而穿上白色的丧服。"说完就要飞扑而上刺杀秦王。秦王在这种要挟面前做出了妥协，放弃了安陵。

唐雎是用了"正话反说"的手段胁迫对方进行退让的，很明显，唐雎看重安陵胜过自己的生命，而秦始皇看重自己的性命胜于小小的安陵。每个人都有自己最在乎的东西，只要明白了这一点，就能够顺利地完成讲故事，达到销售的目的。

总体来说，"正话反说"的利害渲染只是一种讲故事的手段，主要起传递的作用，意在告诉顾客不这样做的话将会面临什么样的损失，从而利用对方的不安心理达到说服顾客购买产品的目的。但在讲故事的过程中，还要注意负面渲染的度，这种"度"稍有不慎就会起到相反的效果。在"正话反说"讲故事的过程中要注意几点：

注意态度，要用友善的态度去讲述故事；

在故事中讲明道理，要讲明其中的利弊，虽然可以适当地夸张，但还是要让顾客自己做决定；

注意程度的把握，如果太过火，不小心就会激起顾客的逆反心理，产生反效果。所以在运用这个技巧之前，一定要对顾客进行全面的了解，做好失败的准备。

下篇 高阶篇

# 金牌销售才会讲的三种故事
—— 科学故事、情感故事和心理故事

最顶尖的销售人员，也就是金牌销售人员，他们每时每刻地向周围传播自己的思想、推销自己的理念，号召更多的人跟随他们共创理想家园，实现美好愿景。销售人员要成为这样的金牌销售，就需要更多的技巧。

# 第七章
## 以专家的身份讲述科学故事——以理服人

### 利用修辞"装扮"故事

讲销售故事，不管是讲科学故事还是产品故事，都要用语言表述。想要激发顾客的好奇心，让他们听我们讲完故事，就要把故事讲得漂亮。而修辞就是那个漂亮的外衣，能够把我们的故事"装扮"得更加光彩夺目。

修辞被认为是演说和写文章离不开的艺术手段。一个生动的、饱满的、受顾客喜欢的故事也必然要用到修辞。常见的修辞辞格包括比喻、夸张、排比、反复、反问等。我们先要对这些修辞知识有一定的认识，才能在实践中更好地运用它们。下面我们一起来认识它们。

**比喻：让我们的故事更加生动**

比喻，是修辞中一种最基本的也是人们普遍运用的一种修辞辞格。通过运用比喻可以使得两个看似不相关却有着内在联系的事物联系到一起，增加人们对两种事物的感官印象。也可以用简单易懂而人们又熟悉的事物对难懂的事物加以说明，便于人们深入地了解它。因而，比喻的运用可以让我们的故事更加生动与形象，让顾客产生身临其境、感同身受的形象感。

比如，我们常听到一些销售孩子产品的人讲"不要让×××残害我们的幼苗"。这就是明显地将孩子比作了幼苗。

虽然使用比喻能让我们的故事更生动，但在运用时也要注意，不要用一些千篇一律、没有新意的比喻，这会让人觉得索然无味。而相对地，也不能太过高深，这会让人理解不了，并且我们要的是吸引顾客、说服顾客，而不是寻找高山流水的知音。此外，还要注意不同文化不同语境，不能乱用比喻。

**排比：使我们的故事更有表现力和感染力**

运用排比能给人一气呵成的感觉，因为强烈的节奏感使我们的故事更有表现力和感染力。比如，一个服装销售人员向一位女士讲故事时就用到排比：

拥有了这件衣服，你就拥有了男朋友的爱恋；拥有了这件衣服，你就拥有了所有女人的忌妒；拥有了这件衣服，你就拥有了曼妙的身材；拥有了这件衣服，你就拥有了时尚。

这个故事运用排比修辞辞格很强烈地说明了购买了这件衣服的利益点。而运用排比也要注意，不能为了排比而排比，否则只会显得牵强附会。此外，用排比时还要注意语句的顺序。

**夸张：使人产生联想，引起顾客的强烈共鸣**

夸张是一种将产品的作用、特征等故意进行夸大或缩小进行讲述的常见修辞手法。比如一家餐厅的销售人员向顾客讲述的故事里有这样几句话：

我们店里有一位顾客，第一次到店里来的时候，吃得好饱，肚皮溜圆，像个大西瓜，再也动弹不得……

这几句话因为将情节夸张而使人们产生联想，引起顾客的强烈共鸣。夸张虽好，但也不能乱用，不能与生活脱节。同时要注意夸张的内容，如果你对科技或者说理性的内容进行夸张则会有歪曲事实之嫌。

**反复：可在故事中强调、突出某种思想或情感**

当我们想在故事中突出某种思想或情感，又不知道接下来还有什么可以进行强调的时候，用反复再好不过了。重复地使用一些语句而不会让人产生累赘厌烦之感，这就是反复的独特魅力。当年奥巴马的那句"YES, WE CAN！"振奋了多少美国人的心，而他的竞选演讲显得技高一筹，也是因为他大胆地使用了反复。真诚、可信赖、有魄力，奥巴马就是这样把内容赋予了新感觉，从而鼓舞了人心，赢得了竞选。

**反问：可增强我们的气势与说服力，使顾客能够深入思考**

当我们在故事中做出疑问而不给顾客答案时，顾客往往会更加清楚地了解到我们所想要表达的信息。比如，很多销售人员在讲产品故事时，会这样说：

现在我们吃饭难道只是为了解决温饱吗？

这是一句典型的反问。谁都知道如今吃饭不仅讲究色、香、味，还要养生，早就不是过去那种吃饭只讲温饱的时代了。用这种反问句不仅使顾客能够深入思考，加深顾客的印象，更增强了我们语言的气势与说服力，使我们的感情更为激昂，顾客就更容易被我们打动。但用反问句时要小心，因为当我们在不恰当的时机对顾客进行反问时，可能会激起顾客的逆反心理，从而拉开与顾客之间的距离。

当然，修辞不仅包括这些方法，还要对故事的词语进行推敲，对各个语句顺序进行调整。古人作诗写文章有时为了一个字的选择而捻断数根胡须，只为达到"语不惊人死不休"的效果。这种"惊人"往往都会有出人意料的作用，从而赢得人们的尊重与喜爱。

所以，即便是现在，我们也要学习古人讲故事的态度，注意每一个字的选择与运用。每个句子之间该如何连接，每个段落之间要如何过渡，前言和后语是否符合逻辑，所说的话是否有一定的层次和结构，这些问题都涉及修辞的运用。

了解修辞的方式并进行练习与使用，逐步地提高使用修辞的水平，就能使自己的故事更加美丽，扣人心弦，进而发挥出故事的神奇威力，感染顾客，从而达到我们销售产品的目的。

前面我们已经知道了讲销售故事时利用修辞的作用，那么要达到销售产品的目的，我们就要有步骤地进行词语、句式、辞格方面的练习。以下是具体的练习步骤：

**第一步：对名句、名作进行模仿或者改造**

挑选一些名家名作，将这些名作进行熟读并背诵，对名句名作进行模仿或者改造，使之具有自己的故事风格。

**第二步：自己设计故事**

接下来就要自己设计故事，对同一样东西或同一件事情进行描述，将自己的作品与名篇对比，找到自己的不足，分析并揣摩自己与名篇的差距，再继续下一轮的写作与对比。

**第三步：定下长期的训练计划，坚持不懈、勤勤恳恳地练习**

不管是练习语句、修辞还是讲故事的其他技巧，归根结底都在于一个"练"字。讲故事的功底只能通过自己扎扎实实地练习，才能得到提高。这就要我们严格地要求自己，定下长期的练习计划，坚持不懈、勤勤恳恳地练习，这样才能成为真正的讲销售故事的高手。

好了，本节的内容到这里就结束了。最后，想要特别提醒大家的是，利用修辞装扮故事，并不只是用于讲述科学故事，它完全可以应用于所有的故事销售之中。

读完本节的内容后，现在想象一下：如果你将向顾客讲述一个科学故事，你会为顾客设计和讲述一个什么样的故事呢？

## 让消费者既听得懂，但又不全懂

当销售人员向顾客讲故事时，很多人有这样一个烦恼：明明我们的故事毫无破绽，逻辑清晰，人物形象设计合理，情节精彩，可是当我们讲给顾客听的时候却很难引起对方的共鸣。这是为什么呢？

究其原因，是销售人员刚开始学习讲故事时，总是担心自己的故事不够精彩，于是努力地把故事讲得毫无纰漏，让顾客一听即懂。殊不知，这样做就难免会出现另一个错误：太过直白！

我们的国家受 5000 年历史的熏陶，是一个讲究含蓄之美的民族。所谓"千呼万唤始出来，犹抱琵琶半遮面"说的就是这个意思。销售人员给顾客讲故事也一样，要注意故事不能太过直白，要有含蓄之美。

通俗地说，就是要让消费者既听得懂，但又不全懂。那么，为什么说销售中讲的故事要有含蓄之美呢？原因有两点：

### 第一，过于直白的故事缺乏张力，无法令顾客发挥想象力

虽然过于直白的故事不会出现情节和逻辑上的硬伤，但这种过于直白的故事往往缺乏张力，没有给顾客想象的空间，难以引起顾客与我们之间的互动。而含蓄的故事能让顾客自由地发挥想象力，与我们产生互动，从而达成销售。

### 第二，太过直白的故事容易引起顾客的怀疑

这个世界上没有十全十美的事或人，故事也是一样。当我们把一个自认为完美的故事讲给顾客听时，顾客会认为这个故事是编造出来的。这并不是人心险恶的推测，而是正常的逻辑思路：顾客会怀疑所有销售人员讲给他们的故事，尤其是一个听起来太过直白的故事。

知道了讲销售故事不能太过直白的原因后，我们不禁会问：什么样的故事才算是既含蓄却又能吸引消费者的好故事？在这个问题上，OPPO FIND 手机的故事是一个很好的案例。

OPPO FIND 手机在做销售时，没有像其他品牌手机那样注意彰显手机性能和高贵气质，而是在讲一个让人们不能完全听懂的故事。这个故事是这样的：

在一个大雾弥漫的天气，一个男子不停地在茫茫人海中寻找一名女孩。然后，由于大雾的天气，他们常常在同一条街上相遇，却又阴差阳错地分开。在寻找的过程中，男子频频拿出 OPPO X903 手机查看。最后，男子看到一个相似女孩的背影，急忙地跑过去……

当 OPPO FIND 把这个故事作为广告片播出以后，立刻引起了众多顾客

的想象力：那个女孩到底是不是那个男子寻找的？大家都想把这个欲说还休的故事继续下去。也正是因为这个故事，人们对OPPO X903手机有了关注，当年度的OPPO X903手机销售额呈直线上升。

OPPO的高明销售之处在于利用讲一个让消费者既听得懂但又不全懂的故事，从侧面暗示消费者这一款手机是人们的必备之物，并且含蓄地道出了FIND品牌的理念：我们不断地去探索世界，追寻一生的真相。

看到这里，想必大家已经知道什么样的故事既含蓄又能吸引消费者了。其实归纳起来就是三点：

### 第一，不要把产品的硬性数据加进故事

在讲故事的过程中，不要把产品的硬性数据都加进去。如果顾客想要了解产品的性能和功效，在产品说明书上即可看到。销售人员在给顾客讲故事的过程中，如果把产品的详细数据也都介绍进去，会影响故事的含蓄性，让顾客反感。

### 第二，不要讲出所有的故事情节

销售人员在给顾客讲故事时，不要讲出所有的故事情节，要把创造结论的机会留给顾客。这一点非常重要。当我们给顾客讲故事的时候，顾客的思维会随着故事情节的发展慢慢深入，进而进行创造性地想象。越是含蓄的故事，越能让顾客参与互动。

### 第三，要把故事摆在首位

顾客之所以愿意听我们讲故事，不是因为产品，而是受到了故事的感召。所以，销售人员在给顾客讲故事时，要把故事摆在首位，而不是产品。如果一味地把产品摆在首位喋喋不休，那么，你的故事就会像产品说明书一样直白枯燥，毫无含蓄可言。

## 语言整合得有序

作为销售人员，每个人都想把自己的故事讲得完美，让顾客掏出钱来购买产品。可由于每个销售人员的语言整合能力参差不齐，有的销售人员在给顾客讲科学故事时，会磕磕绊绊，前言不搭后语，整个故事毫无逻辑可言。这样不仅让顾客无法理解故事的意思，自己也讲得非常吃力。结果，在他们拙劣的语言描述下，本来应该很精彩的故事被讲得无比糟糕，顾客连继续听下去的兴趣都没有，谈何购买？

会不会把故事的语言整合有序，是所有销售人员必须正视的问题。尤其是一线的直销人员，他们处在销售产品的最前沿，往往要以该产品专家的身份讲述关于产品的科学故事，他们每天都要面对很多顾客，要讲无数个科学故事。但如果把科学故事讲得毫无章法，像学舌鹦鹉一样，这种缺乏发散思维的销售人员，不单故事"卖"不出去，就连销售人员的能力也会受到顾客的质疑。

既然是通过讲故事销售产品，那么整个销售过程中的核心应该是故事。在讲科学故事时，只有把故事的语言整合有序，才能准确地把要销售的产品表达出来。销售人员的好口才不一定有助于讲好故事，但优秀的语言编排却可以让科学故事省去不少疲于解释的无用功。

还记得"恒源祥"吗？"恒源祥"讲的那个"羊羊羊"的故事让全国人民都记住了那只可爱的小绵羊图标。

在一望无际的大草原上，洁白的羊群，声线完美的男声，可爱的小羊。

然而，如今的"恒源祥"给消费者所讲的故事简直让大家抓狂：

那只小羊从"鼠"念到"猪"，整个十二生肖被念了三遍。

消费者从电视看到这个冗长的广告故事后，不明白这到底在说什么，更不明白"恒源祥"想要表达什么意思。

"恒源祥"在讲"羊羊羊"的故事时，语言整合有序，逻辑清楚，所以销售成功；然而在讲"十二生肖"的故事时，语言贫乏、逻辑混乱，引起了消费者的反感。

以一个专家的身份讲科学故事很难吗？其实不难。以一个专家的身份讲科学故事，要做到言辞流利、逻辑清楚，就需要在讲故事前把科学故事按步骤构思好。

**第一步，完成故事的创作过程**

讲科学故事的创作过程分四步进行：确定故事所表达的主旨→以该主旨构思故事情节→对故事进行包装→将故事形象化、口语化。

这几个步骤看起来很难，但其实就是普通故事的创作过程：

确定故事主旨，就是说确定我们所讲的科学故事想要传达的理念、价值；

构思故事情节，就是在主旨的基础上对科学故事内容进行想象；

对故事进行包装，就是在科学故事的情节上进行修复，让故事逻辑清楚、语言通顺；

将故事形象化、口语化，就是将科学故事变得通俗易懂，让每个顾客都能听得懂。

**第二步，训练自己随机应变的能力**

作为销售人员，我们每天面对的顾客都是不确定的，这就决定了我们在讲故事的过程中，随时可能出现突发情况。如果想让这些突发情况不影响我们讲故事，那么就要求销售人员努力训练自己的局面控制能力和语言组织能力，争取成为遇大事仍面不改色的销售精英。

## 切忌啰唆，务必重点优先

销售中讲故事是销售人员与顾客双向沟通的过程，我们应该知道，在讲一个故事时，顾客最害怕的就是我们就一个话题啰唆起来没完没了。如果我们总是喋喋不休地讲故事，不给顾客谈话的机会，那么，我们就无法了解客户的真实想法，也就无法推荐合适的产品。

啰唆、夸夸其谈是销售人员在向顾客讲科学故事的过程中最容易犯的一个错误，同时也是讲故事的大忌。可偏偏有些人就是这样，他们不知道快速讲出故事的重点有多么重要，沉迷于自己随意性很强的论述中，忽视了顾客的感受。

通用电气的销售总监曾说："在代理商会议上，大家投票评出导致销售人员交易失败的原因，结果现场有314人——也就是一多半的人认为，最大的原因在于销售人员啰唆，这是一个值得注意的结果。"

下面，我们一起来看一位销售人员在给顾客讲故事时是如何吓跑顾客的。

张敏是一个商场护肤品专柜的推销员。一天，一位女士来到了她所在的专柜。张敏热情地接待了这位女士。当张敏看到女士拿着一瓶面霜犹豫不决的样子时，热情地对她讲道："你知道吗？这款面霜是我们专柜里卖得最好的，因为它是由我们的护肤专家直接研发出来的。对美白、雀斑、细纹都有很好的功效……"

张敏讲到这里时，女士说："这款面霜保湿吗？"张敏继续讲道："你先听我讲完这款面霜的制作过程，你就知道了。这款面霜是由……"

这时，女士又说："我赶时间，我就想问一下这个面霜保湿吗？"张敏仍然讲道："我做这行很久了，对护肤品非常了解，这款面霜是我见过的最好的……"

当张敏还没讲完她的故事时，女士已经拿起自己的东西走了。

作为销售人员，张敏无疑是专业的，热情且懂得以护肤专家的身份讲产品的研发故事，但她却在讲故事时犯了一个很大的错误——不顾顾客的感受，只是啰唆地讲述自己的故事。啰唆的故事是最让人厌烦的，尤其在今天这个快节奏的时代，谁也不会耐着性子听你讲些没用的东西。一个有竞争力的销售故事，必须是重点在前，并且能够迅速吸引人们的关注。

销售中讲故事并不是"独角戏"，它是一定要与客户互动才能产生良好效果的。当销售人员滔滔不绝地向客户讲故事推销自己的产品时，许多客户会想："他会不会欺骗我？是不是他的产品质量有什么问题？"所以，对于销售人员来说，如果啰唆，就很容易让顾客产生疑问和反感，从而失去推销的时机。

另外，啰唆地讲故事也会让顾客感到不被尊重。销售人员在向顾客讲故事时，不给顾客说话和表达感受的机会，也会使顾客有一种被拒绝的感觉。这样就会引起顾客的不满，因为他们觉得自己的时间没有被人珍惜，自己也没有被人尊重。就像上述案例的那位女士那样。

销售人员在向顾客讲科学故事时，首先要了解顾客的思想、需求、愿望、不满和抱怨，甚至顾客的气质、爱好及家庭等重要信息，从而有针对性地对顾客讲述不同的故事，进而销售产品。如果销售人员在向顾客讲故事时只顾自己夸夸其谈，顾客就没机会向销售人员传递相关信息，因为销售人员已经占用了绝大部分时间。而销售人员不明白顾客的真正需求，就不能够及时地调整自己的故事框架，最终就会失去成交的机会。

那么，销售人员在向顾客讲科学故事时，应该如何克服啰唆的毛病，讲出重点呢？方法有三个：

**第一，明确讲故事的目标和思路**

明确讲故事的目标和思路，是销售人员在向顾客讲故事的各阶段都要明确的要素。如果这些要素是模糊的，销售人员不知道自己的目标，就不会明确自己在向客户讲故事时应该如何把握节奏。由于怕冷场，便一直啰唆地讲故事，结果废话越来越多，最终引起顾客的不满。所以，在向顾客讲故事前，首先在心里列出自己的目标，以便在讲故事的过程中有重点、有条理地说明自己的意图，可以帮助销售人员克服啰唆的毛病。讲故事的目标和思路包括以下三个方面：

"我要讲什么"——明确自己将讲述的主题，并保证自己的故事不能偏离这个主题，不能违背这个主要的目的；

"故事的顺序"——开始讲什么，中间讲什么，最后讲什么，对此一一地列明重点，排好顺序；

"重点是什么"——突出重点，使故事围绕这个重点展开，不能跑题，且要突出这个重点。

**第二，讲故事的过程中观察顾客的反应，讲故事之前收集顾客的信息**

一个优秀的销售人员会在讲故事的过程中仔细观察顾客的表情、态度、举止行为和所处的环境，从而掌握顾客的内心世界，从中找出沟通的话题，然后再配合有针对性的故事去说服，打消顾客的顾虑，掌握洽谈的主动权，这样才能轻松地对顾客进行引导。实际上，销售人员应在讲故事之前主动地收集顾客的信息，这样做不仅有利于避免把时间和精力都花费在喋喋不休地讲故事中，还能进一步了解客户。

**第三，用心倾听顾客的谈话**

对于销售人员来说，用心倾听别人的谈话是一门必修课，那样不仅是对顾客的尊重，也可以给自己更多的思考时间。所以，销售人员必须记住，向顾客讲故事不是你的个人演讲，不能多说少听甚至只说不听。不注意倾听顾客的谈话，销售人员便无法了解顾客的需求，不能有针对性地讲出好故事，也就不能从中找出有利于成交的时机，从而导致销售的失败。

另外，在向顾客讲科学的故事时，可以辅以各种工具，如图文资料、资历证明、成功的合作伙伴名单等。利用这些辅助工具，既可以省去销售人员自己解说科学故事重点的麻烦，也减少了啰唆的可能性。

## 要讲就要讲完整的故事

销售过程中向顾客讲科学故事时，必须要把故事讲完整。一个完整的故事会给顾客带来深刻的启迪和强烈的情感冲击，让顾客以独特的视角来看待故事中的情境与人物。另外，科学故事本身就具备严谨性，一个不完整的故事，容易引起顾客的怀疑。

那么，一个完整的科学销售故事包括哪些要素呢？换句话说，销售应该如何向顾客讲述一个完整的科学故事呢？

一个完整的科学销售故事就像一条新闻一样，它包括以下六个要素：

**第一个要素：时间**

销售员向顾客讲科学故事时，时间的设计非常重要。顾客在购买的过程中，自己往往对时间的概念并不是十分清晰，这时我们可以以故事为工具，引发顾客进行更深一步的思考。我们在设计科学故事的时间时，有三种方法：

设计现在的故事。设计现在的故事时我们要关注的是顾客现在的购买需求，"现在的故事"最大的好处在于激起顾客的兴趣，集中顾客的注意力，让顾客耐心地听我们讲述故事。

设计将来的故事。讲一个"将来的故事"，可以让顾客看到将来的美好，有更多的选择，从而愿意接受我们的产品。这一技巧尤其适合保险销售和房屋销售，销售人员可以通过给顾客讲"将来的故事"，让顾客看到拥有产品后将享受的美好，从而让顾客有强烈的正面感受，做出购买决定。

设计过去的故事。"过去的故事"是向顾客讲述已经发生的事情，通过故事中的情节，让顾客感受到拥有产品后会有什么改变。向顾客讲述"过去的故事"时，我们可以运用前面章节讲到的排比、夸张等修辞方法。

### 第二个要素：地点

当我们向顾客讲销售故事时，对于故事里地点的选择很重要。因为不同的地点对于顾客有不同的感受。通常情况下，我们在讲科学故事时，可以把故事的地点设在顾客使用商品的地点，顾客使用商品后带来收益或好处时的地点也可以考虑。

比如，销售汽车的销售人员讲述的故事场景，通常会将故事的地点选择在海边或林荫大道上，因为这样的地点可以给顾客以美好的想象。

### 第三个要素：事件

一个完整的科学故事，必须讲清楚发生了什么事。科学故事的事件往往是为了吸引顾客的注意，绕开顾客潜意识对销售的抗拒，让顾客觉得新鲜、有趣。

### 第四个要素：人物

人物就是科学故事里的主人公或被销售人员编排到科学故事里的人物。在一个完整的销售故事里，涉及的人物必须要与顾客有所关联。这样对销售会起到三个作用：

科学故事里的人物的遭遇、快乐等会引发顾客的情感共鸣，或在情感上取得顾客的认同。

科学故事里的人物会成为顾客的心理投影。比如，销售护肤品的销售人员，在向顾客讲一个女士用了该品牌的护肤品，脸上的雀斑没有了的故事时，顾客就会在心里想：我的脸上讨厌的雀斑也会没有的。

科学故事里的人物不会有明显的立场或有让顾客觉得需要防范的地方，一般也不会引发顾客的反感。

### 第五个要素：原因

不管销售人员讲述的是什么类型的故事，它都不像人们平时所听到的故事，销售故事的目的是为了向顾客提供购买理由，促进销售，让顾客产生购买冲动，它带有明显的针对性。所以，我们在设计科学故事的原因时首要考虑的就是销售讲故事的目的。为了达到这个目的，我们设计的科学故事原因必须让顾客有醍醐灌顶、幡然醒悟的作用。

**第六个要素：怎么样**

所谓怎么样，就是科学故事里要让顾客的五官受到刺激。我们以下面这个科学故事为例，来看一看什么是使五官受到刺激的科学故事。

闭着眼睛想象一下，此刻你的手里有一个你刚从超市买回的新鲜柠檬。你用刀把柠檬切开。柠檬汁立刻流了出来，你的手上沾满了柠檬汁。你放到嘴里舔了一下，哇，好酸呀……

在这个科学故事里，销售人员通过故事，刺激了顾客的五官，使顾客产生了不同的感受。

视觉感受：仿佛看到了橘黄色的柠檬；

听觉感受：仿佛听到切开柠檬的声音；

触觉感受：仿佛自己的手上沾满了柠檬汁；

嗅觉感受：仿佛自己已经闻到空气中酸酸的柠檬味；

味觉感受：仿佛自己已经尝到了酸味。

销售人员在向顾客讲科学故事时，可以借鉴上面这个故事，将这五种感受安插在故事里，给顾客呈现一幅活灵活现的图像。

通过以上的内容，我们已经知道如何给顾客讲一个完整的科学故事。然而，在现实的销售过程中，我们并没有多少机会长篇大论地向顾客完整地讲述故事。因此，销售人员就要培养自己敏锐的观察能力，快速从自己准备的"故事会"里筛选、整合出最适合顾客的科学故事。

最后，需要提醒各位销售人员的是，我们讲述给顾客听的科学故事要以销售产品为目的，凡是与此无关的枝节，无论多么有趣、好玩，都必须删除。科学故事最忌累赘！那么，赶快运用上面的六要素来设计你的科学故事吧，成功的销售将从尝试开始。

## 科学故事必须突出核心

品牌战略专家李光斗认为,一个故事如果传奇、生动、有趣,那么就能够让品牌在宣传过程中事半功倍,给冰冷的品牌赋予新的生命,能够在不知不觉间传播企业的品牌内涵、文化、价值,一举"俘获"消费者。

现在的市场供大于求,对于企业来说,唯一的解决方法就是宣传情怀、感觉和理念。而故事就是一个很好的载体。通过故事,可以让顾客更好地了解一个产品,让产品显得有特色,从而提升产品价值。

但不管什么样的故事,尤其是以专家的身份在讲科学故事时,在讲述的过程中,一定要突出核心。什么是故事的核心?

核心就是故事的主旨。一个故事,要不就突出消费者的购买体验;要不就突出品牌的发展史;要不就突出企业文化。只有故事的中心思想或中心论点集中、鲜明,才能给消费者留下深刻的印象。当消费者有需求的时候,第一时间就会想到该品牌。

下面,我们来看一个案例,相信会对你有所启发。

在日本有一个人叫藤田田,他生前是日本麦当劳社的名誉社长。而在这之前,他只是一个普通的打工仔,只有5万美元的存款。

即使这样的窘迫,他却仍然想要获得麦当劳的经营权,而要获得麦当劳的经营权至少需要75万美元。看到这里,你或许会想这简直就是天方夜谭!是的,他就是这么想的。但他没有被吓倒,为了实现他的目标,他去向银行贷款。

到银行后,他非常真诚地向银行经理说明了来意,听完他的叙述,银行经理对他说:"你回去等消息吧,有结果我会通知你的。"通常情况下,听到这句话就意味着没有希望了,这只是礼貌性的回绝罢了。可是藤田田没有放弃，他对银行经理说："你能听听我那5万美元的来历再做决定吗？"得到经理的允许后，他对经理讲道："这么多年来，我一直保持着存款的习惯，不管生活有多么艰难，我每个月都把工资的三分之一存入银行。即使发生再紧急的情况，我都不会把这些钱花掉，因为这是我的事业基金。"

听了藤田田的话后，银行经理的兴趣一下就被激发了，他对藤田田说："我同意你的贷款要求。"看到藤田田诧异的表情后，经理说道："我的年龄是你的2倍，我的工资是你的30倍，可是我的存款却没有你的多。"

就这样，一个商业奇迹诞生了。

藤田田的故事在网络上迅速传播，人们敬佩他的同时，也对他独特的故事技巧感到好奇。追根究底，就是他在给银行经理讲的故事中突出了核心要点，让银行经理听了他讲的故事后，立刻联想到自己。

那么，我们怎样才能像藤田田那样在讲故事中做到核心突出呢？方法有三个：

**第一，选择那些和故事关系密切的材料放到故事中去**

在讲故事的时候，一定要选择那些和故事关系密切的，对表现人物性格、产品价值有力的材料放到故事中去，那些与故事无关的，即使再精彩的情节，都要舍弃掉。

只有这样，讲出来的故事才是精辟的，会起良好作用。否则，品牌故事就成了东拉西扯的散文，中心不突出，给人印象不深刻。

**第二，一个故事只能表现一个主题**

一个萝卜一个坑。讲科学故事也是一样，一个优秀的销售故事只能表现一个主题，不然会导致"意多乱文"，反而让消费者摸不着头脑。保证故事主题的唯一性，才能使故事的主题更加深化。否则，听故事的人根本不知道你到底要表达什么。

**第三，一定要把故事的中心突出再突出**

当我们在讲故事的时候，一定要把故事的中心突出再突出。比如，讲品牌发展的时候，就要讲当初的情形是怎么样的，在发展的过程中遇到了哪些问题,是如何解决的;讲消费者体验的时候,一定要表现消费者对企业所提供的服务有多么满意,表示以后有机会仍然会来此消费,等等。总之,故事的"珠子"一定要贯穿全文。

## 设计好故事的顺序和结构

没有规矩,不成方圆。生活中处处有规则,按照规则行事,社会才能有序地发展。同样,想要我们的故事有吸引力,达到销售效果,也要注意故事的规则,切忌"胡说八道"。如果科学故事讲得毫无章法可言,就很难引起顾客的注意。

对于销售人员来说,讲故事的顺序尤为重要,好的开头就是成功的一半。精心设计好故事的每一步,比没头没尾地讲述更能让顾客听清楚我们要传递的信息,产生出截然不同的讲述效果。在这方面,纪录片的叙述顺序和手法就值得我们借鉴。

北京卫视有一个叫《档案》的纪录片,是以案件或事件现场实录回放为线索,披露国内大案要案、社会传奇、情感故事等,自开播以来受到了业界、学术界和观众的广泛好评。

在《档案》里,我们可以看到故事的讲述人会根据故事的情节使用PPT、录音机、IPAD等,利用照片、电影等方式向我们展示故事,这些道具不仅让我们更能理解故事的讲述要点,还很好地烘托了氛围,强化了观感。

除此之外,《档案》讲故事的技巧有三点值得我们好好学习:

第一,在讲述故事的时候,为故事设置悬念,激发人们的好奇心;

第二,在故事的结构上创新。在故事的开头,选择最具有爆发点的地点切入,然后回过头来讲述故事,采用倒叙的方式解说前因后果。在故事的情节讲述上，讲述人在讲述时会向观众提问或者自问自答，直到最终将所有的疑问一一解答出来。整个故事讲得不紧不慢，很有节奏感。故事的结尾部分，与故事的开头相互照应，真正做到"有头有尾"。

《档案》以其独特、多元、创新的影音讲述方式，成了频道的亮点，为业界提供了一个全新的创意，也为科学故事的讲述提供了可供参考的模板。

我们在讲科学故事的时候，可以借鉴纪录片的叙述手法，把一些看似杂乱无章的事情、话语，经过精心地排列组合，呈现给顾客一个完整的故事。

那么，销售人员应该如何设计科学故事的结构呢？可以从以下三个方面来学习。

**第一，选择合适的科学故事结构**

从结构上说，一个科学故事突出产品是最重要的，其次要保证层次分明、张弛有度、有头有尾。这样才能保证框架的完整性。科学故事的结构应该有一定的战略意义，要综合考量人物、事件、情节、环境、节奏等各种元素。

一般情况下，科学故事有五种结构可供销售人员选择。

第一种：重复式，就是在一个故事中重复讲述某个情节；

第二种：三段式，就是故事的开头、高潮、结尾；

第三种：连环式，多个情节环环相扣，连成一个完整的故事；

第四种：独立式，只有一个情节或段落，讲述其精彩的部分；

第五种：包孕式，一个大故事里套一个小故事。

通常，在销售过程中，我们的故事应该言简意赅，用简洁的语言清楚地传达意思，避免误导客户。

**第二，处理好事件与产品的关系**

既然是故事，那么就一定有事件。故事的情节因为事件的跌宕起伏才有吸引力，人物性格因为事件的情节才突出。

所有的故事都属于文学范畴，销售人员所讲的科学故事也不例外，所以我们必须要塑造好人物的性格，讲清产品的特点，不能只叙述产品不描绘故事，也不能只讲故事不衬托突出产品。

**第三，具有讲述性**

科学故事最基本的特征就是要有讲述性。故事应尽量围绕一件事情展开，这样故事情节比较简单，更容易体现产品的特征。另外，在讲科学故事的时候，一定要有逻辑顺序，或是时间顺序，或是空间顺序。按时间顺序讲解因为逻辑清楚、层次明白而比较容易为顾客所接受。

最重要的是，科学故事一定要有完整性，起因、经过、结果、时间、地点、人物，六要素缺一不可。有开端才不生硬，有过程才不突兀，有结果才完整，有人物形象才生动。

## 故事被顾客质疑，该怎么办

在讲销售故事的过程中，被顾客质疑是我们经常会碰到的问题之一。尤其是在向顾客讲科学故事时，因为故事本身的严谨性，常常让我们难以自圆其说。这时，我们应该怎么办呢？

下面我们将分析故事被质疑的几种可能性，然后告诉你解决的方法。

可能性一：我们还没有与顾客建立起和谐的关系，就着急地向顾客讲述销售故事。

这样的例子不胜枚举，下面我们一起看一下吧。

一个星期天，商场里人来人往。胡曼莹是百丽鞋的专柜销售人员，她一向擅长和顾客打交道，同时经常通过讲述精彩故事向顾客销售自己专柜里的鞋子。这天，她注意到有位顾客很着急地走进来，似乎在寻找某种类型的商品。

"你好，请问我可以帮助你吗？我注意到你穿的鞋子是去年的款，今年已经不流行了。让我给你介绍一下本季最新的款式吧。"胡曼莹对这位顾客说道。出乎她的意料，顾客只是看了她一眼，而且显得十分不高兴，转身走了。

在工作上一向精益求精的胡曼莹没有把这件事当成小事，她和其他的销售人员讲述了这个事情，并请求她们给予分析。通过分析，大家发现胡曼莹的介绍太快了，她还没有和顾客建立基本的人际关系，还不知道顾客真实的需求是什么、顾客是否关心流行趋势，而顾客现在穿在脚上的这双鞋对她而言是否有什么特殊的意义，胡曼莹就根据自己以往的经验，快速、随心所欲地提出了自己的建议，结果失败了。

胡曼莹的心态也是许多销售人员平时的心态：我是销售该产品的销售人员，只有我对产品了解得最清楚，所以可以向顾客提供最专业的建议。这样的想法和把顾客当作赚钱的工具是一样的道理。我们应该怎么办呢？

解决方法：不管我们采取任何方式的销售，其前提都是要关心顾客。每个顾客都有自己的需求，作为销售人员，我们要尊重并观察我们的顾客，为他们讲述一个准确的故事。如果我们没有经过观察，就急急忙忙地开始讲故事，不仅起不到销售效果，反而很可能是"对牛弹琴"。顾客不仅不会认真听，反而会产生防范的心理，让我们更难进行说服。所以，在讲述销售故事之前，我们首先要与顾客沟通，认真聆听、观察顾客的真正需求，然后再根据需求讲故事。

可能性二：我们在设计科学故事时没有注意到一些细节、常识，出现前后矛盾的情况。或者在故事细节的陈述上粗枝大叶，由于不认真而导致故事穿帮露馅。

对于顾客来说，他们并不在意故事本身的逻辑是否有问题，但是你所讲的错误故事在他们看来，是对他们的不尊重、不重视。通常情况下，当我们讲出这样一个有错误的故事时，大多数顾客会直接转身走人。这时我们应该怎么办呢？

解决方法：如果我们发现自己讲了一个有明显错误的故事，而且这个错误还被顾客注意到了，这时千万不要向顾客多作解释，或者向顾客证明我们讲的是对的。我们所能做的就是：微笑着停下来，让顾客说话。这样做的目的是向顾客表示我们的歉意和尊重。同时，当顾客在说话时，我们可以对顾客进行引导，把顾客的注意力从故事的对错上引开。

除此之外，还有一着险棋，如果用得好，可以让顾客对我们重新建立信任。这一招就是：直接向顾客承认我们的错误。这一招对于活泼型顾客非常有效，他们通常都比较喜欢直率的人。而对于完美型顾客，千万不要采用这一招，否则，你可能会永远进入他的"黑名单"。

当然，这一可能性还有一个例外的情况，即我们故意在故事中留一个错误，以引起顾客的注意和兴趣。当顾客对我们所留的这个错误有所注意时，我们再对此做出合理的解释让顾客信服。

我们所讲的故事被顾客质疑并不可怕，可怕的是我们不知道该怎么办。有了上面的解决方法，当出现被质疑的情况时，找出被质疑的原因，有针对性地去做，就能更好地解决问题。

# 第八章
## 以朋友的身份讲述情感故事——以情动人

### 最有力的销售武器是情感

你注意过麦当劳的标志吗？如果没有，那么请你在逛街的时候或在百度上搜索一下，当你看到麦当劳的标志时，你会有着怎样的心情或情感？会不会感觉很温暖？如果有，那是因为麦当劳在制作标志时利用色彩引起人们对麦当劳的情感注意。这就是一种利用情感同认识的紧密关系的经营策略。

现代心理学研究认为，情感因素是人类接受信息的阀门。同时，情感是刺激顾客理智的唯一途径，是最有力的销售武器。纵观那些在销售中成功的销售人员，无一不是大打"情感牌"。所以，当我们向顾客讲故事时，也可以利用这一点，向顾客讲一个情感故事，以情动人。

从表面上看，销售是我们拿产品和顾客的钱交换，是一种买卖关系。事实上，顾客从愿意和我们沟通到做出购买决定，影响他最大的因素就是情感。如果顾客上了你一次当，那么他肯定不会再上第二次当。顾客之所以不会再上当的主要原因，不单是顾客损失了钱财，而是他们的情感上受到了伤害，你的欺骗伤害了他们的感情。就像美国《幸福》杂志里所说的那样："高超的销售术主要是感情问题。"

情感和需要往往是紧密相连的。顾客愿意选择哪一种产品完全是由自己决定的，我们只有讲出一个符合顾客需要的故事，才能使其产生积极的情感，进而顺利地促成购买行为。

有这样一个案例，看后令人受益匪浅：

一对外商夫妇到国内一家珠宝店选购首饰，相中了一枚10万元的翡翠戒指，由于价钱的问题，外商夫妇一直犹豫不决，没有做出购买决定。这时，一个售货员跟这对夫妇说："这款戒指是我们的设计师为他的妻子设计的，他的妻子跟她结婚的时候，由于没有钱，当时没有买戒指。后来经过两个人的努力，生活越过越好。但不幸的是妻子却得了癌症，在得知妻子患上癌症的那一刻，设计师就开始为她设计这款戒指，一共花了近一年的时间才完成。由于是为了记住妻子的恩爱，所以这款戒指生产得不多，全世界一共10枚。"

当这对夫妇听完售货员所讲的故事后，含着眼泪付了款，拿着戒指心满意足地走了。因为这个故事，激发了顾客的情感，促成了交易。

从这个案例中，我们可以知道：满足顾客的情感需要是一件多么急迫的事！同时，我们从这个案例中也可以窥探出：讲情感故事着重于"感人"，它需要通过我们独具匠心的情节编排、高潮设计，引发顾客的某种强烈的情绪，获得顾客的情感认同，最后达到将顾客的购买热情从99℃推向100℃的效果。

我们可以向顾客讲述的情感故事有很多，包括：公司的起源、公司的创业史、产品的研发故事等，只要可以引发人们的情感认同，感动顾客的故事都可以讲。向顾客讲情感故事有以下几个基本技巧：

一是着重塑造故事主人公的性格变化、情绪起伏，让顾客将心比心，将自己的情感自觉融入故事的情境中；

二是故事细节铺排到位，通过故事的引导和情绪渲染与情感描述，将顾客带入故事所营造的情境中；

三是在讲故事的过程中，要注意对顾客情绪的观察，及时与顾客产生情绪上的良性互动；

四是当我们发现讲述的情感故事不能有力地感染顾客时，要及时对故事的情节进行修改。

总之，情感是最有力的销售武器。讲情感故事的重点在心灵沟通和人文关怀，这样的故事才有"杀伤力"。学会讲情感故事比较容易，务必晓之以"利"，动之以情！

## 首先要与顾客建立情感连接

在本节的开头，我们暂时不说销售故事，我们先来看一个广泛流传于网络上的故事。

汤姆·霍普金斯曾接受一家报纸的采访，记者要他当场展示一下如何将冰块卖给因纽特人，于是有了这个脍炙人口的经典故事。

汤姆：你好，因纽特人！我叫汤姆·霍普金斯，在北极冰公司工作。我想向你介绍一下北极冰给你和你的家人带来的许多益处。

因纽特人：这可真有趣。冰在这儿可不是问题，它是不花钱的，我们甚至住在这东西里面。

汤姆：是的。你知道注重生活质量是很多人对我们公司感兴趣的原因之一，然而看得出来你就是一位注重生活质量的人。你和我都明白价格与质量总是相连的，能解释一下为什么你目前使用的冰不花钱吗？

因纽特人：很简单，因为这里遍地都是。

汤姆：是的。现在冰上有我们，你和我，那边还有正在冰上清除鱼内脏的邻居，北极熊正在冰面上重重地踩踏。还有，你看见企鹅沿水边留下的脏物吗？请你想一想，设想一下好吗？

因纽特人：我宁愿不去想它。

汤姆：你说得非常正确。你使用的冰就在周围，日日夜夜，无人看管，也许这就是这里的冰是如此经济合算的原因。如果给你家人的饮料中放入这种无人保护的冰块，你要先进行消毒，这样你是在浪费时间。说到时间，如果你愿意在我这份协议上签上你的名字，今天晚上你的家人就能够享受到最爱喝的，加有干净、卫生的北极冰块饮料。

在这个故事中，汤姆首先向因纽特人介绍销售的目的，与顾客建立情感连接。在开始讲故事时，首先认同顾客的判断——冰在当地很多，然后巧妙切入到自己想讲的故事主题上来。接着继续讲述美好愿望的情感故事：今晚你的家人就能够享受到最爱喝的，加有干净、卫生的北极冰块饮料。通过之前讲述的冰块因为"脏"而引起顾客的恐惧情绪，最后引来美好的故事结局。我们可以假设的是，即使这位因纽特人当时拒绝了汤姆的购买请求，他也会在之后跟他的邻居分享自己对这个故事的震撼感受吧。

而汤姆·霍普金斯之所以如此震惊于销售界，是因为他在讲情感故事前，与因纽特人进行了良好的情感连接。作为销售人员，我们要争取顾客的好感，与顾客建立初步互信关系，为讲故事做好准备。

当然，我们并不能像汤姆·霍普金斯在一开始讲故事时就能让自己的故事这么精彩。但对于销售人员来说，这是一则很好的学习范例，向我们展示了如何与顾客建立情感连接。

那么，接下来我们就谈一谈讲情感故事时，如何与顾客建立情感连接。加强与顾客的情感连接有以下两个步骤：

**第一步：使故事开始的基调和顾客的基调相统一**

就像画一幅画一样，在开始落笔之前，人们首先要对眼前纸张的质地、大小进行考虑，以便在上面更好地表现绘画的主题。我们所要讲的故事的情感背景也不是空中楼阁，它与顾客的情绪紧密相关。情感故事越能与顾客的情绪相匹配，便越能快速打动顾客，引起顾客的情绪共鸣并做出购买决策。

在开始讲述情感故事之前，我们要通过观察、提问、核对等方法，搜集顾客情绪方面的资料，尤其是顾客对产品的情绪。故事开始的基调最好能和顾客的基调相统一，同时，对顾客明显表达出来的对产品的判断给予正面回应。

**第二步：通过故事调动顾客的情绪，让顾客参与到销售过程中来**

通过第一步，我们对眼前顾客的情绪有了直观的了解，已经引发了顾客的好感。这时，就等于画家在下笔前已对面前作画的材料有了准确的认知，紧接着开始作画：通过故事调动顾客的情绪，让顾客参与到销售过程中来。在这个过程中，有两个行之有效的方法：

1. 面对顾客的正面情绪时，我们讲的情感故事可以迎合顾客的心理需求，令顾客体验更欢快、更活泼，对顾客的正面情绪给予足够的回应，通过情感故事加强顾客的正面情绪感受；

2. 面对顾客的负面情绪时，我们要对自己的情感故事内容进行相应的调整：一是故意回应，加强顾客的负面情绪，让顾客对自己现状的痛点感觉更敏感，从而产生迫切的购买需求，促使购买行为的发生。上面汤姆·霍普金斯的例子就是一个很好的佐证；二是消解顾客的负面情绪，让顾客的心理压力得到舒缓，感到愉悦。尤其是通过让顾客想象拥有该产品后的美好场景，让顾客在购买过程中暂时忘记自己当前所遇到的困境和心理压力。为了追求这种美好的体验与感受，顾客最后下决心购买商品。

到此为止，关于如何与顾客建立情感连接的方法你已经知道了，那就立即行动起来，到实际工作中去运用吧。

## 编辑属于自己的"故事汇"

讲故事，不仅是把产品销售出去非常好的工具和方法，更重要的是，和传统的销售方式相比，讲故事能让我们和顾客的互动变得有趣而和谐。只要我们向顾客讲述的销售故事能够吸引顾客，它就能帮助我们和顾客建立起良好的人际关系，对达到销售目的起到很好的作用。

既然讲故事对于我们来说，有如此大的作用，那么，作为销售人员，我们应该如何设计故事呢？

事实上，讲故事就像炒菜一样，材料的好坏将直接影响菜是否可口。换句话说，就是讲故事有很多技巧，但如果讲故事的人——也就是我们自己本身没有注重自身素质的培养和故事素材的积累，就算讲故事的技巧学得再多也是枉然。

在现实销售中，很多销售人员总是在如何讲好销售故事的技巧上下足了功夫，却忽略对故事素材的积累。这只能是舍本逐末，徒有一副空架子。诚然，讲故事的能力有赖于技巧的训练，但故事的根本基础是销售人员通过观察和思考获取的。俗话说"巧妇难为无米之炊"，讲的就是这个道理。

所以，不管是讲什么样的销售故事，我们只有做到"内外兼修"，多积累故事的题材和资料，编辑属于自己的"故事汇"，才能让我们的故事在销售中所向披靡。

无论是刚刚加入销售团队的"菜鸟"，还是久经沙场的销售老将，要使我们的故事像一盘色香味俱全的、符合顾客口味的"菜"，我们就要在生活中多积累故事的素材，把这些素材装在自己的脑子里。长此以往，属于你自己的"故事汇"就炼成了。

那么，在日常生活中，我们应该具体怎么做，才能积累好故事的素材呢？下面介绍几种有效的方法：

### 第一，多读一些名篇佳作，学习其组织故事的语言词汇

俗话说："熟读唐诗三百首，不会作诗也会吟。"要想把故事讲得高潮迭起，我们就要多多学习。在生活中，当我们空闲的时候，多读一些名篇佳作，学习其组织故事的语言词汇。读到一些精典的语句时，我们可以把它们记录下来。坚持做下去，有一天当我们向顾客讲故事时，会发现自己的语言会不召自来，使自己成为一个"腹有诗书气自华"的人。

### 第二，在手机上下载各种读书或读报APP，然后利用任何碎片时间进行阅读

如今是个移动互联网时代，我们每天都离不开各种信息的获取。我们可以在手机上下载各种读书或读报APP，然后利用任何碎片时间进行阅读，比如坐地铁或公交车的时候、早上起床的时候、等车的时候等。读到好的文章或让自己心动的话语时认真地标注，或者放在手机备忘录里，或者摘抄在卡片纸上。每天坚持这样做，哪怕一天只记一句话，对你讲故事来说也是很有意义的。日积月累，有一天当你向顾客讲故事的时候，你会惊奇地发现，自己的故事已经可以深深地打动顾客了。

### 第三，搜集并积累警句、谚语

在平常的销售工作中，如果听到有别的销售人员讲的好的故事，或在微博、朋友圈看到好的名言警句、谚语，我们可以把它们记在一个本子上，时常拿出来读一下、记一下。久而久之，我们讲故事的题材、资料就越来越多，讲起故事来也就越来越条理清晰，甚至可以做到信手拈来、出口成章。

行动胜于空想，你的情感故事是否成功，接下来就看你的了。其实，最好的学习是：从现在开始以朋友的身份向顾客讲述情感故事。

## 将对生命的思考放在第一位

不论是经销商、供应商，还是普通消费者，他们都是活生生的人，他们都十分关注自己的生存环境、个人情感，并不断思考其中的价值。这不仅构成了文学创作的灵感之源，更为销售人员的故事提供了上上之选的主题——对生命的思考。

文学有三大永恒主题——生命、死亡和爱情。其中，生命这个主题当之无愧地成了这三者之中的"老大"。对于作家来说，只有对生命有着深入的思考、对人文有着极大的关怀，才能体现出其品格和精神。关注人、关心生命也往往是他们及其作品备受尊崇的最主要原因。

女作家严歌苓的小说《金陵十三钗》在2011年年底被搬上大银幕。其中，"金陵"指南京，"十三钗"指的是故事中13位侠肝义胆的妓女。这部小说的成功之处，不只是反映了战争的惨烈，也不只是反映了大屠杀的悲壮，而是集中反映了一群特殊女人的侠肝义胆，表现了她们身份的低微与生命的尊严之间的反差。生命的尊严没有身份上的区别，这才是《金陵十三钗》最让读者感动的地方。

销售人员讲情感故事同样应该将对生命的思考放在第一位。生命是一切行为的基础，每个人都会对"我是谁""我从哪里来""我到哪里去"这样与生命有关的哲学性问题感兴趣。触动了消费者生命的意义和价值的神经线，让消费者认为我们的故事有深度、有内容、有意义，我们的销售就更有成功的可能。

以生命为主题的故事为数不少。我们熟知的利群就因为富有深刻含意的语句、优美的画面和隽永的音乐给我们留下了非常深刻的印象："人生就像一场旅行，不必在乎目的地，在乎的是沿途的风景以及看风景的心情，让心灵去旅行——利群。"

把人生比作旅行，并不是利群的专利。我们熟知的知名奢侈品品牌LV就一直在其经营发展过程中秉承着旅行哲学。LV是品牌创始人路易·威登名字的缩写。该品牌创立150多年来，从箱包到各种延伸产品，LV一直致力于演绎品牌的核心观念：生命就是旅行。LV的旅行故事已被全世界所熟知，下面我们一起来欣赏一下LV的故事销售之术：

创始人路易·威登是一个出生于法国木匠家庭的穷孩子，长大后进入宫廷专门为王公贵族制作箱包行李。逐渐地，他制作旅行箱的手艺纯熟精湛，远近闻名。离开宫廷后，路易·威登开创了旅行箱包的时尚革命史。在150多年间，LV为了满足旅行家们对旅行品质的精致要求，陆续生产了多种旅行箱。

进入2000年，人们的生活节奏越来越快，于是，LV把目标锁定在了人们的精神需求上，将"生命本身就是一场旅行"确定为主题，开始了故事销售的新时代。2008年，LV在中国投放了第一则电视广告。在广告中，LV阐释了生命和旅行之间的关联："为什么去旅行？旅行不是一次出行，也不是一个假期。旅行是一个过程，一次发现，是一个自我发现的过程。真正的旅行让我们直面自我，旅行不仅让我们看到世界，更让我们看到自己在其中的位置。究竟是我们创造了旅行还是旅行造就了我们，生命本身就是一场旅行，生命将引你去向何方？"

在这则广告中，旅行被视为生命的过程。通过旅行，我们可以找回自己，发现生命的价值。

2008年LV又联手Soundwalk公司，推出一款名叫Soundwalk的数字产品。它通过三大影星舒淇、陈冲及巩俐的深情演绎，带我们游历香港、上海及北京三个令人神往又各具特色的魅力城市。它是独特的语音导游，引导我们跟着声音去旅行。而它带我们去的并不是标志性的建筑、名胜地，而是代表一个城市文化底蕴、文化精髓的巷子和弄堂。

"认识你自己"，这不仅是一句刻在古希腊神庙柱子上的名言，更是生命的真正意义所在。LV 很好地把握住了消费者内心的需求。我们总是在问自己是谁，希望找到自己的价值和位置，最终明白生命的意义。LV 将此故事化，简化了整个过程，以一个朋友的身份将其浓缩为一句话——"生命本身就是一场旅行。"

知道了 LV 如何将生命的思考放在第一位讲情感故事，接下来就看你的了！

## 情节饱满，有血有肉的故事更动人

作为销售人员，要想成功地讲述一个情感故事，必备的要素是故事的情节一定要饱满。这就如同一部电影一样，剧情太枯燥，是不会有观众的。同样，销售故事的情节要有血有肉，才能说服顾客、感动顾客。

对于如何让情感故事的情节丰富起来，这里有两个非常有效的方法。

一是我们在描述情感故事的情节时要从视觉、听觉、感觉等各个角度来进行细腻刻画；

二是我们在设计情感故事时，要把情节设计得跌宕起伏。

为了便于大家理解，举一个简单的例子：月亮之所以能够引发人们的情感，就在于其阴晴圆缺的变幻和传说中嫦娥的曼妙身姿引发了人们情感的联想，撞击了心灵深处的思考。我敢打赌，如果月亮像把尺子似的一万年不变，望月生叹的人数肯定会急剧下降。

同样，相对于刻板的信息，一个成功的情感故事之所以能在时间的洪流中精神永存，就是因为它具有变幻的情节。

在向顾客讲述情感故事时，把故事的情节设计得饱满，让故事变得有血有肉，是打动顾客的技巧之一。让我们来看看全球通是如何做的吧。

中国移动旗下的全球通品牌有个主打特点：信号好。有的顾客或许会认为这一特点很平常，因为生活在都市里，很少会出现打不通电话的情况。但是稍有经验的人都知道，在乡村或其他远离都市的地方，各个运营商之间还是有差别的。全球通品牌在推广的时候，就策划过一个情感故事。这个故事是这样的：

在茫茫的大海之上，一艘船正在航行。突然，狂风大作，波涛汹涌，台风来了。由于台风的破坏力实在是太大了，船被困在海面上，随时都有倾覆的危险。而此时船上很多人想请求营救的时候，发现手机没有信号。这时，信号意味着早点脱离危险，或者说，意味着生命。在这危急关头，一位乘客打通了电话，联系上了救援人员，最终让全体船员和乘客都脱离了危险。而这位乘客所使用的手机卡类型，正是全球通。

毫无疑问，全球通所讲述的这个故事"血肉"兼备。既有惊险刺激的情节，又有引人思考的深度。看起来各种运营商服务好像没什么区别，可到了关键时刻，有的服务偏偏有奇效，生命是最宝贵的，而信号就意味着生命，好的服务在生死面前显得十分重要。没有什么比生与死更具有说服力，这个故事向顾客传达着这样一种理念：全球通的服务和信号是最好的。

顾客在听过这个故事之后，先会被跌宕起伏的情节所震撼，随后又会为乘客们感到庆幸，接着会为那一波三折的故事情节而感叹不已。而就在感叹的同时，企业的文化已通过故事无声地流到了顾客的心中。

这个案例给我们上了很好的一课：如果想要给顾客讲一个情感故事，就必须使我们讲述的故事"色香味俱全"，让顾客在我们讲述的过程中体会到故事带给他们关于悲欢离合的情感想象和感受。

我们在向顾客讲述情感故事时，一定要先对故事进行把关，不能无病呻吟，更不能无聊透顶。只有设计出丰富的故事情节，让故事有血有肉，才能打动顾客。而你的故事只要打动了顾客，接下来的事情就好办了。

## 触碰心灵的故事才会被人铭记

对于我们大多数销售人员来说，通过讲故事进行销售并不陌生，但对如何讲述一个动听的故事却大多比较茫然。好的故事是会触及人的灵魂的，而在这方面，讲故事的销售高手们大多非常高明。他们熟练地运用各种方式来表述故事，让顾客在听的同时不知不觉融入其中。

我们先来看看这样一个有趣的故事，相信对你会有所启迪。

拜伦是英国著名的诗人。有一天，他在街上散步时，看见一位年迈的女盲人胸前挂着一个牌子，上面写着："自幼失明，乞讨为生。"盲人旁边的行人来来去去，就好像没有看见一样。拜伦足足观察了1个小时，盲人手里的碗还没有一分钱。拜伦想帮帮他。于是，他走上前去，把牌子上写的字擦去，重新写上了一句话。这句话一写上去，奇迹就发生了。每个看到这句话的人都走上前去，伸出了援助之手。这句话是这样的："春天来了，我却看不见她。"

一句话为什么会使事情产生如此巨大的反差？就在于这看似简单的话语里，却蕴含着太多人们习以为常而不加注意的故事情节和人类心灵的向往。比如：春天的鲜花、春天的行人、春天的绿柳……那些匆匆而过的人或许过去并没有过多地在意这些，但在这一句话的对比之下，反而因人思己，感受到了生活的美好。毫无疑问，这是个成功的故事。

反观故事销售，要想把一个情感故事讲得动听，最好、最有效的方法就是：触碰顾客的心灵。用真挚的语言加上智慧的哲理，很容易引发顾客的深思，顾客会很容易地将深思的结果和产品或品牌联系在一起。换句话说，我们所讲述的故事触碰了顾客的心灵，顾客才会对产品或品牌有所理解，而对产品或品牌的理解，很大程度上将影响产品的销量。

这世上被讲述得最多的，并不是那些精彩绝伦的故事，而是能够碰触人们心灵的故事，它们会被永远铭记。

说到这里，在用故事触碰顾客的心灵方面，利群香烟为我们起了一个很好的示范作用。

利群的销售故事讲述了一个人旅行的经历。一个人看到火车外面的美景时说道："人生就像一次旅行，不必在意目的地，在乎的是沿途的风景和看风景的心情。利群让心灵去旅行。"

利群香烟的主要顾客对象为20~40岁的人，这些人中的大多数都在努力工作，为自己的明天奋斗。他们多数是社会的中流砥柱，在人生当中必有很多压力和烦恼，利群用这个有深度的故事，触碰了顾客的心灵。

听到这个故事的顾客会在心里产生这样的思考：到底应该重视人生的结果还是过程？不管他们思考的结果如何，他们都会被这个故事所体现出的人文气质所感动。如此一来，该情感故事便真正地触碰到了顾客的心灵。

触碰到了心灵，也就是同顾客建立起了联系。讲情感故事比其他销售类型中那些生硬的数字和指标更能够打动顾客，让顾客在接收故事信息的同时，开始进行深层次的思考。顾客其实更容易接受这类故事，因为自然、深刻，能够从故事中产生有价值的思考，顾客也会认为产品或品牌是有价值的，这是相辅相成的。

那么，现在你知道你该怎么做了吗？去设计一个能触碰顾客心灵的故事，如果不知道该如何设计，再回过头去看看这篇文章。

## 在故事里为顾客描绘一个美妙的意境

你是否有过这样的体验：当听到一首熟悉的歌曲时，就会想起某个人或某种场景；当看到五星红旗升起的时候，就会油然而生民族自豪感；当我们处在花前月下时，就似乎找到了当年初恋的感觉……

为什么会这样呢？答案就是当我们在某种意境下，就会产生想象。让我们印象深刻的故事大都能激发人们那令人惊叹的想象力，因此才能在我们的脑海中留存如此长的时间。我们可以把这种方法运用到故事销售中去。在向顾客讲情感故事的时候，我们要为顾客营造出一种适当的气氛和意境，通过全方位的感受来唤起顾客的想象力，从而做出购买的决定。

现在，请你安静下来，认真地回忆一下：在你看到的美食杂志、电视广告中，哪些语言的描述能吸引你继续读下去？

是"景色很美"，还是"人间仙境"？

是"这个味道很好"，还是"入口即化，甜到心头"？

……

相信我们的心中都知道答案是什么。绘声绘色的描述不一定打动人，但活灵活现的用词再加上美妙的令人向往的意境，就一定可以给顾客一个充满想象的空间，让他们关注到你的存在，进而关心你所销售的产品。

迪士尼公司在这方面就做得非常到位，让我们来学习一下吧。

迪士尼公司早在20世纪50年代初期，就成立了自己的第一个创意小组，将想象力的建设作为一项重要的工程。高层把它命名为"想象工程"。这一理念也融入了迪士尼乐园建造的过程之中，它的宗旨就是通过满足人们的梦想来创造一种独特的娱乐场所。为了在迪士尼世界建立一个水上公园，同时把雪因素搬到水上公园。它编撰了一个与暴风雪有关的童话故事，来配合这个新颖公园的建设和销售需求。故事看起来比较荒诞：

在变幻无常的暴风雪中，有一位探险家来到了佛罗里达，在这里建造了一座滑雪场。开始时非常顺利，因为积雪很厚，但随着春天的到来，变暖的天气使积雪逐渐融化，让滑雪场变成了一泻千里的瀑布。最后，瀑布又变成了那些喜欢冒险的人们的滑水场。探险家的滑雪场计划夭折了，可是却出现了一个水上公园，而且是与暴风雪有关的。

当这个水上公园开门营业时，游客爆满，人们挤破了头都要进来看看暴风雪是如何与水上乐园结合在一起的。游客对此充满了好奇。

创意工程师们还设计了迪士尼"发现号旅馆"的故事：这里到处都是幻想和传说，每个来到这里的人都有机会进行一次冒险的旅行，一切都靠你自己的想象，你能够在此地随你所愿地探索与发明，享受美食，且不受时间的限制。这个旅馆是如此神奇，乃至全世界只此一家。于是，"发现号旅馆"就成为很多名人经常光顾的地方。

看到这里，我们不得不对迪士尼公司的创意团队的创造力和想象力表示由衷的佩服。事实上，想象力给它带来了巨大的成功，让它成为世界上最好玩的地方，也是很多小孩最想去的地方——当然，也包括许多大人。迪士尼讲的故事不仅具有趣味性，还给听众们留下了充分的想象空间，唤起了所有人的好奇心。

那么，作为销售人员的我们，怎样才能够激发顾客的想象，让他们得到拥有这种产品之后的美妙感受呢？

回过头再来看看迪士尼所讲的故事，故事是否真实，一点也不重要。但故事开头的悬念、过程的起伏、结局的启发，所有这些有意思的情节让人们欲罢不能，正是这些想象为顾客创造出了故事的来龙去脉，吸引人们耐住性子看下去。也就是说，要讲一个能够激发顾客想象力的故事，不仅要抓住"奇"和"妙"这两个字，还必须具备情节上的合理性与逻辑性，既启发人的思维，打破人的思维惯性，又在一定程度上符合人们的思维期待。沿着这条路走下去，你创造的故事就是一个优秀的作品。

当然，我们在讲这个故事的时候也要注意一些语言技巧。在讲这个故事时要尽可能地压低声音，减慢语速。如果你还不能理解，我们不妨先来看一个跑步机的销售人员对顾客讲的故事："明媚的阳光，小鸟在窗外叫唤着，你起床了，穿好衣服，打开窗户，深吸一口气。踏上跑步机，阳光透过窗户洒在你身上，你开始慢跑，舒服而又惬意。慢慢地，你开始加快速度，身上也开始出汗。半个小时过去了，跑步机提醒你：'你的运动时间到了。'你停下来，开始洗浴，穿戴整齐，精神十足地走出家门，开始一天的工作和学习。"

当你看完上面这个故事，你是否会跟随故事的步伐想象你在跑步机上跑步的样子。肯定会的。这就是这则故事的魔力所在。在故事中给顾客描绘出一个拥有跑步机后美妙的意境，深深地激发了顾客的想象力。

这个方法，我们也可以用来介绍产品的功能。比如，你是一个打印机销售员，我们可以给顾客讲这样一个故事："如果你拥有这样一台打印机，将会给你带来许多便利。当你在家办公时，有人要给你发传真，你不必下楼去找传真机，只需按下接收键即可；如果你想把一些资料放在电脑里，你不用下楼去一页一页地扫描，只需把资料放好，按一下扫描键即可；如果你想复印一些参考资料，按一下复印键即可；你还可以用它来做很多有趣的事情，比如洗照片、做图画等，它会让你的生活变得丰富多彩。"

相信顾客在听了你生动形象的故事后，肯定会动心的。这种绘声绘色的故事肯定比干巴巴的故事要管用得多。因为这样可以让顾客感觉到拥有这个产品之后的幸福和快乐。做到这一点，你就成功了一半。

## 讲一个浪漫温馨或悲伤凄美的爱情故事

电影《雷神》《钢铁侠》《蜘蛛侠》《绿巨人》《X战警》《美国队长》等大片，在制造了诸多救世英雄的同时，也无一例外地编织了或者浪漫或者悲伤的爱情故事，而这也都为影片增色不少。在国内国外的众多电影佳片中，讲述爱情的故事影片几乎占据了半壁江山。爱情以其独特的意味，成了电影导演们钟爱的主题。

为什么这些好莱坞大片在注入了爱情元素以后，会如此大受欢迎？

首先，这些大片所主打的科幻元素、英雄主义、救世话题本身就已经具备了受欢迎的先天条件。这使得观众们会自愿为电影打开钱包。

其次，爱情这个主题总是能够深深打动人们内心最柔软的部分。在现实生活中，人们忙忙碌碌，追求价值，爱情似乎已经是大浪淘沙之下硕果仅存的精神产品了。

最后，也是最重要的一点，那些大片中的爱情并不是发生在路人甲身上的故事。这些影片中的主人公本来都是普通人，但后来都成了英雄。他们的爱情故事自然与普通人有着不同之处，往往出人意料，或者戴着神秘的面纱，因此才能引起观众们的兴趣。

对于销售人员来说，为产品讲述一个或者浪漫温馨或者悲伤凄美的爱情故事，往往能够增强情感因素，可以满足人们对产品功能以外的精神需求。

在这方面，全球知名巧克力品牌德芙堪称做到了极致。

莱昂曾经是卢森堡王室的一个普通帮厨。他负责洗刷碗筷和盘子。冬天的时候他的双手都裂开了。一天，他正在擦洗伤口，一个漂亮女孩走了过来，问他疼不疼。莱昂心里很温暖，后来他才知道这个女孩是王室公主芭莎。

芭莎虽然是公主，但她的地位并不高，因此冰激凌这种稀罕的美食轮不到她。莱昂听说后，就在晚上悄悄溜进厨房为芭莎做冰激凌。两个人一边品尝着冰激凌，一边谈着心事。慢慢地，两个人产生了感情。但是，由于身份的差异，他们谁也没有表白爱意，只是将爱情埋在心底。

莱昂为芭莎准备了冰激凌，并用热巧克力写了几个英文字母"dove"，意思是"Do you love me"。不久，芭莎出嫁了。莱昂也和赏识他的老板的女儿结了婚。但他心里一直放不下芭莎，最后妻子伤心地离开了他。

莱昂带着儿子决定开一个冰激凌店。经过精心研制，一款富含奶油、被巧克力包裹的冰激凌问世了，并被刻上了"dove"四个字母。他告诉儿子这是冰激凌的名字。

冰激凌一经推出就大受欢迎。莱昂收到了一封来自卢森堡的信，并从信中得知芭莎公主曾派人打听他的消息，希望他能够去探望她。莱昂经过千辛万苦终于找到了芭莎，然而他们都已经老了，芭莎虚弱地躺在床上。芭莎告诉莱昂，她非常爱他，她曾以绝食拒绝联姻，为此被关了一个月。她悲伤过度，由于热巧克力融化了，没能看到莱昂的表白。

莱昂悲痛欲绝，但一切都太晚了。3天之后，芭莎离开了人世。原来，芭莎一直郁郁寡欢，在得知他离开卢森堡并已经在美国结婚后，就一病不起了。

莱昂想，如果当时冰激凌上的热巧克力不融化，芭莎猜出了他的心思，说不定结局就不会这样了。莱昂决定制造一种固体巧克力，使其可以保存更久。经过苦心研制，德芙巧克力制成了，每一块巧克力上都刻上了"dove"，用以纪念他和芭莎那错过的爱。

在德芙的众多广告里，我们会发现一个问题：不管是雨天赴约，还是图书馆借书，讲述的都是爱情故事。让两个彼此倾慕的人送出德芙巧克力，很好地表达了那句：Do you love me？

吃过德芙巧克力的人都知道它并不像糖果那样甜，而是甜中带有一点苦涩。这和德芙创始人的爱情故事一样，苦涩而甜蜜，遗憾而动人。

《浓情巧克力》的女主角朱丽叶·比诺什说："你不能拒绝巧克力，就像你不能拒绝爱情。"有了爱情故事的品牌，就不再是单一的品牌，而成了爱的载体、情的通道。德芙巧克力因其注入了爱之故事而产生了一种魔力，成了爱情的象征。对于消费者来说，所拥有的不单单是巧克力，而是饱含自己独有爱情的艺术珍品。

好了，从现在开始，仔细回想一下恋爱的感觉，找一下爱情故事的灵感，然后设计出一个爱情故事，以朋友的身份讲给顾客听，你的下一份订单也许就来了。加油！

# 第九章
## 以知心人的身份讲述心理故事

### 把握顾客心理，讲述得体故事

古语说："攻心为上，攻城为下"，"心战为上，兵战为下"。随着时代的发展，这早已成为讲销售故事这场无硝烟战争中的"法宝"。为什么这样说呢？因为一个不能把握顾客心理的销售人员，他所讲述的故事很难达到自己所想要的销售效果。

全球销售偶像、世界权威销售培训师博恩·崔西曾明确指出讲销售故事的成功与销售员对人心理的把握有着密不可分的关系。在讲故事的过程中，恰当的心理策略能帮助销售人员获得成功，促成销售额的最大化。

下面，我们来看一个通过把握顾客心理，讲述得体故事的案例。

著名护肤品牌兰蔻专柜的推销员张冠通过观察，发现有两位顾客正在柜台前徘徊，其中一位顾客对于护肤品的安全比较担忧，因为他的皮肤是敏感性的，不敢轻易尝试自己没有使用过的护肤品；另外一位顾客对于护肤品的品牌比较在意，她所追求的是一线品牌带给她的满足感。

于是，张冠对这两位顾客讲述了两个不同的故事。

对第一位顾客，张冠的故事是这样的："我有一个朋友，她的皮肤和您的一样，是属于敏感性皮肤，她从来不敢换护肤品，就怕过敏。有一次，我把我们这款产品拿给她试，这款产品没有任何添加成分，她鼓足勇气试了一下。一个月后，她告诉我她的皮肤越来越好，没有出现任何过敏现象。

现在，她已经是我们的老顾客了，非我们的产品不买。您不妨也试一下我们的这款产品，相信会有意外的惊喜的。"

对第二位客户，张冠的故事是这样的："我们是一线品牌，我们的代言人是××，许多社会知名女性都是我们的忠实顾客。您的气质这么好，非常符合我们的这个品牌，您可以尝试一下。"

这两位客户在听了她的故事后，很高兴地买下了所推荐的化妆品，并在以后成为其忠实的顾客。

故事营销讲的是智慧，是思维方式。只有把握住顾客的心理，才能有针对性地讲故事、做销售。

在讲故事之前，我们首先要想一想，客户有哪些心理，他们想要从故事里得到哪些信息。这就像上面案例中的推销员张冠那样，故事的讲述和客户的心理诉求完全吻合，客户欣然接受，最终一定会把产品销售出去。

客户购买产品的过程是一个心理满足的过程：产生购买动机→满足程度→做出购买决定→获得极大满足→购买体验满意。作为销售人员，我们只有准确地把握住顾客的购买心理，对产品用故事进行包装，才能把故事讲进顾客的心里。

那么我们究竟应该如何把握顾客的心理呢？下面，我们一起来看看顾客在做出购买决策之前，除了对商品功能性的需求外，还存在哪些心理，并针对该种心理，我们应该讲些什么样的销售故事。

**第一，针对面子心理，抓住"致命点"讲故事**

俗话说："人活一张脸，树活一张皮。"无论做什么事，人们都爱面子，也正是这种面子心理的驱使，很多顾客的消费往往会大大超过自己的支付能力。我们应该学会利用顾客的这种面子心理，抓住他们的"致命点"讲故事，从而把产品推销出去，把新的顾客引进来。当我们在向顾客讲故事时，多给予顾客以赞美之词，想方设法满足顾客的这种面子心理，相信对我们的销售会大有裨益的。

**第二，针对爱占便宜心理，讲一个"占便宜"的故事**

销售人员要想掌握顾客的这种心理，就必须先了解"便宜"与"占便宜"之间的区别。就拿购买一件产品来说吧。产品价值50元，你用50元买回来，物有所值，这就是产品比较"便宜"；而产品价值50元，你用30元买回来，心里很激动，这就是"占便宜"。顾客买东西经常会追求"物美价廉"，其实这是顾客的占便宜的心理在起作用。

作为销售人员，知道顾客的这一心理后，我们在向顾客讲故事时，可以投其所好，讲一个"占便宜"的故事。比如，我们可以给顾客讲："前几天有位顾客买这件商品时，它的价格100元，而现在由于促销，它的价格只要60元……"这样的故事让顾客能真实地感受到自己购买这件产品的确是占了不少便宜，于是，会慷慨地掏钱购买。

**第三，针对害怕后悔的心理，讲一个"产品售后服务"的故事**

在现实生活中，很多顾客在做出购买决定的时候，都会思考再三，生怕买错了产品，花了冤枉钱。在讲故事时，我们应该把握顾客的这种害怕后悔的心理，给顾客讲一个"如何给产品做售后服务保障"的故事。讲故事的过程中，我们可以不断地拿出实例来证明给顾客看，让顾客产生安全感，以此来刺激他们购买。

**第四，针对攀比心理，讲一个"跟你一样的顾客都买了这个产品"的故事**

所谓攀比心理，是顾客对自己所处的社会地位、身份的认同，并选择自己所在的圈子作为参照而表现出来的购买心理。

攀比心理是顾客基于对自己所处的地位、身份的认同，并选择所在的阶层人群为参照而表现出来的消费行为。我们在向顾客讲故事时，要注意顾客的这种心理，可以给顾客讲一个"跟你一样的顾客都买了这个产品"的故事，通过故事强调其参照群体的消费，刺激消费者的购买欲望，进而达成销售。

以上四种心理就是大多数顾客的主要心理。当然，体现到每个人身上都是不一样的，所以，顾客的购物心理也是有所不同的。作为销售人员，要准确地把握每一位顾客的心理，这并不是一件容易的事。这需要我们在讲故事销售中，经常揣测顾客的心理，慢慢学习，积累经验，才能让我们讲出来的故事一语中的，说出顾客的心声，达到事半功倍的效果。

从某种意义上说，销售就是一场心理博弈战，谁能把握住顾客的心理，谁就能成为销售界的王者。

## 抓住顾客的弱点讲故事

"欲成天下之大事，须夺天下之人心"，其中重要的一点就是要抓住对方的弱点。人无完人，每个人都有自己的弱点。作为销售人员，我们要善于抓住顾客的弱点讲故事，这样，则可无往不利，战无不胜。

当我们向顾客讲故事时，如果能通过前面章节所学到的技巧观察顾客，抓住顾客的弱点，我们便掌握了销售的主动权。所谓"知己知彼，百战不殆"，讲的就是这个道理。

下面，我们一起来看一个案例。

一天，一个长得很胖的女孩走进了一家服装店。在店里，女孩一直在不停地看衣服，可是却不肯进试衣间试衣服。每次，看到好看的衣服时，脸上总是露出喜欢的神情，可是过一会儿后，又低着头露出伤心的样子。一直跟在后面的导购员小丽看到后，明白了女孩的心思。

小丽在店里挑了一款黑色的连衣裙，拿到女孩面前，对女孩说："你要不试试这件衣服？前两天有一个女孩，跟你一样的身材，她一眼就看中了这条裙子。穿上后，特别显瘦。"女孩听了导购员这番话后，拿着裙子进了试衣间。

后来，女孩高兴地买了这条裙子，走了。其他导购员过来向小丽讨教经验，他们说："这个女孩一看就不是来买衣服的，一直不去试衣服，估计只是来随便看看。你是如何让她买这件衣服的？"

小丽笑着说："她长得很胖，对她来说，胖就是她最大的弱点。她不是不想买衣服，只是在心里认为漂亮的衣服穿在她自己肥胖的身体上，不好看罢了。所以，我就给她找了一件显瘦的黑色衣服，再给她讲了那样的一个故事。"

小丽正是抓住了女孩"胖"的弱点，再加上女孩都爱美的心理，然后给女孩讲了一个"穿上这件衣服后，既显瘦又漂亮"的故事，最终达到了自己销售的目的。

在竞争如此激烈的今天，要想把自己的产品顺利销售出去，要找到对方的弱点，并针对对方的弱点讲故事。那么，我们应该如何找到顾客的弱点，并结合其弱点讲故事呢？技巧有两个：

**第一，通过查询或观察收集顾客的个人信息**

抓住顾客的弱点的最有效的方法就是：通过查询或观察收集顾客的个人信息。当我们去拜访顾客时，我们可以通过网上或他人查询顾客的相关信息，也可以在与其接触的过程中通过观察其行为或说话方式，甚至着装打扮来收集顾客的个人信息。上面这个案例中，售货员小丽就是通过在与女孩接触的过程中，通过观察收集到顾客信息的。

**第二，找出并分析顾客的弱点，有针对性讲好销售故事**

当我们把顾客的个人信息收集好以后，接下来要做的就是仔细研究你的顾客，找到顾客的弱点。前面的章节说过，"趋利避害"是人的本性，我们在研究顾客的时候，要找出顾客最想得到的利益和最大的弱点是什么。掌握了这两点并融入我们的销售故事中，那我们成功的几率就会增大很多。上面这个案例，小丽针对女孩想要变得"美"，又担心自己"胖"的矜持心理，给她讲了一个既能美又显瘦的故事，轻而易举地俘获了女孩的"芳心"，获得了成功。

通过本书前面篇章的学习，你已经懂得了讲故事的基本技巧，现在只需要认真练习，勇于实践，就一定会取得成功！

## 讲一个充满正能量的故事

每个企业、每个品牌成长的背后都有着许许多多的故事。这些故事，无一不传递着企业的使命和精神。对于这些故事，我们可以以知心人的身份，就像小时候长辈们讲给我们听的那些童话故事那样，或者给人以鼓舞，或者引人深思，或者予人警示，讲一个充满正能量的故事给顾客听。

对于正能量，英国心理学家理查德·怀斯曼给出的定义是：一切予人向上和希望、促使人不断追求、让生活变得圆满幸福的动力和感情，包括自信、乐观、包容、积极接纳他人等，都可称为正能量。正能量是一股积极向上的力量，它所传递的是健康、积极、乐观的心态。当我们的内心充满正能量的时候，内心蕴藏着的自信、愉悦、进取就会尽情地展现出来。

因此，能够释放和传递正能量的故事总是容易受到社会主流文化的欢迎，也更能吸引人们的眼球，并在社会上被广为传诵。这些故事所传递的是积极向上的意念，是朝气蓬勃的生活态度。我们的社会恰恰需要多积蓄、多弘扬这样的正能量，这样，我们的生活才会变得更加美好。

蕴含着正能量的故事对产品来说同样非常重要。产品需要通过那些积极健康、催人奋进、给人力量、充满希望的人和事，为自己贴上"正能量"的标签，以提升、塑造企业和产品的正面形象，赢得人们的尊重和信赖。

下面，我们一起来欣赏李嘉诚在创业时经常给顾客讲的一个故事，也许我们会从中得到启迪。

1940年秋，李嘉诚一家从潮州逃难至香港。李家在此没有任何产业，因此一家人的生活压力很大。13岁的李嘉诚不得不辍学，寄人篱下当学徒。

太平洋战争爆发后，李嘉诚的母亲带着弟弟妹妹回了老家，只留下他们父子二人。不幸的是，父亲因染上肺结核而去世。父亲去世前一天，李嘉诚安慰父亲"我们一定都会过得很好"。为了兑现承诺，李嘉诚倍加努力。他开始一边打工，一边坚持自学。生活虽然很艰辛，但李嘉诚觉得十分充实。

1945年，机会终于来了。一天，他所在工厂的老板亟须发信，但书记员有事请假，李嘉诚因勤奋好学被推荐帮忙。李嘉诚因出色的表现而被老板另眼相待，很快从杂役小工调至货仓做管理员，继而成了业绩很棒的推销员，再升到经理，19岁便成了总经理。李嘉诚也从中学到了更多的关于货品进出、价格、管理和推销等方面的技巧。另外，因为业务关系，李嘉诚一直订阅英文塑料专业杂志，以提高英语水平，这也让他能时刻把握该行业的商机。

二战后经济复苏，塑料制品需求旺盛，李嘉诚决定自行创业，创建了长江塑料厂。1957年，李嘉诚从行业杂志中得到启迪，赴意大利考察，回港后转产塑胶花。从此，长江的业务迅速发展，产品不断创新，李嘉诚也成了香港乃至全球的塑料花大王。

当你读完这个故事后，是不是感觉热血沸腾？是不是也很想有所作为？对，这就是充满正能量的故事带给人们的作用。在李嘉诚的这个故事里，"勤奋、节俭、有毅力""肯求知，肯建立信誉"等这些当时促使李嘉诚成功的重要因素，无一不蕴藏着正能量的种子。

如果深入挖掘，每个企业都不会缺少这样凝聚着正能量的创业故事、成长故事、产品故事、服务故事和人物故事等，比如，企业如何闯过创业难关、进行危机公关、扭转竞争败局、开展产品创新等。

这些故事可以从不同的侧面体现出企业的积极态度、团队精神、客户意识以及强烈的使命感，可以帮助企业打赢"形象牌"。客户会因为这种盖着"正能量"印章的故事而信任企业、敬佩创始人，从而相信讲故事的人，并将产品选择的天平向你们的企业倾斜。

## 抓住顾客心动的瞬间讲故事

在现实生活中，我们经常会看到这样一种情形：超市一做大减价活动，人就会爆满。好多人像不要钱似的从超市里推出一车车商品，只要是上了打折名单的东西顾客都会抢购，哪怕这些商品的折扣率并不高，买回家不一定用得着。

难道这些顾客疯了吗？当然不是。超市打折价格的变动才是他们大把花钱的原因。大多数情况下，人们做出购买决定的时候并不是很理智的，而是往往来自一种冲动的情绪。有时候，商品质量的好坏和价格合理并不会让顾客做出购买决定，那些只在一瞬间闪过大脑的感觉却能痛快地让顾客做出购买决定："我今天就要买这个！"

作为销售人员，如果能认识到这一点，并当顾客产生这种情绪时，讲一个简短的故事来增加对这种情绪的渲染和发酵。那么，顾客的购买热情很快就会像地底的岩浆一样喷涌而出。

研究显示，在消费领域中，顾客的心动会导致冲动购物。80%左右的消费者的购买决定是在15秒以内完成的，要想在讲故事销售中取得辉煌的业绩，就要抓住顾客心动的那一关键时刻，讲一个刺激顾客情绪的故事，使顾客快速做出购买决定。小周就是一个很会用故事撩拨顾客冲动情绪的销售人员。

小周是某商场手表销售柜台的销售员。一次，一位妈妈带着儿子来到小周所在的柜台买手表。小周拿出好几个价位的手表给这位妈妈看，她都表示不满意。作为销售员，小周当然想把价格较高的手表推荐给对方。当他正准备继续介绍手表时，注意到那个儿子脸上显示出不耐烦。正是由于儿子不认可导致这位妈妈的犹豫不决，迟迟不能做出购买决定。换句话说，只要儿子点头，小周的手表就能卖出去。

于是，小周拿出一款刻着"CF"图样的运动手表，笑着对母子俩讲了这样一个故事："你们知道吗？这款运动手表月初刚上市。每天都有很多学生前来购买这款手表，到现在已经卖出上百只了。我觉得很奇怪，就问他们为什么这么喜欢这款手表，一个学生告诉我说这款的样式非常像'穿越火热'里的战术背心。"

那个儿子听了小周所讲的故事，抬起头认真地看了几眼这款手表，然后非常肯定地对妈妈说："我就要这一款！"

小周的高销售额就是这样轻松到手的。从小周的例子，我们不难得出，抓住顾客心动的瞬间，讲出一个销售故事，这就好比打火机的工作原理：打动滑轮擦出火花，并及时供应充足的气体，产生火焰。顾客的心动犹如那千分之一秒的火花闪现，抓住这一瞬间，我们的故事为其提供充足的易燃气，那么就会收获成交的熊熊火焰。抓住心动的瞬间，讲出销售故事，这就是讲销售故事的关键技巧。

那么，如何做到这一点呢？这里有两个有效的方法。

**第一，抓住顾客言语中的心动细节讲故事**

一个人内心情感的变化会通过各种形式表达出来，而顾客对产品是否心动，会通过他的语言流露出来。语言是顾客流露内心购买意向最直接的方式，我们要善于抓住顾客言语中的心动，并迅速讲出销售故事，帮助顾客排除疑虑，抓住时机在故事中强化产品优势，引导顾客做出购买决定。以下这些都可以视为顾客心动的信号，比如，询问售后服务、询问使用方法、询问交货时间、保修期、赠品或附件等。

**第二，抓住顾客表情中的心动细节讲故事**

我们同样可以从顾客的面部表情中看出他的内心欲望。当顾客对产品感到心动，并准备做出购买的决定时，他们内心的变化会通过一些面部表情表现出来。同样，如果顾客对产品不感兴趣，也会通过某些面部表情表现出来。我们要在发现顾客的这些表情后，及时讲出销售故事，促进顾客做出购买决定。以下这些表情都可以视为顾客心动的信号：眼睛发亮地关注着产品、不时地嘴角上扬表现出对产品的喜爱之情、神情轻松自然满意、眉宇大为舒展等。

人不可能永远保持理性，所以销售人员在学习讲故事销售时不可过于教条。你所讲的故事不一定是最动听的，但只要能刺激顾客的情绪，那么你的销售额也会如小周一般。

所以，作为销售人员，在讲故事时，只要换个角度，利用顾客的心动情绪进行讲述，随着情节的深入不断探索顾客的兴奋点，直到销售成功。

利用顾客的心动情绪讲故事，让他们无意识地开始消费，这样的销售人员才是真正的高级销售员。我们要相信，精英是可以"量产"的！

## 通过故事暗示顾客产品很好

相信很多人都听说过心理暗示，那么如何把它具体应用到故事销售中呢？利用心理暗示进行故事销售又有什么样的魔力呢？我们先来做一个小实验。

下面有一组句子，无论它的内容是否真实，请把它耐心读完：

脑白金真棒；

脑白金是最棒的礼品；

大家都说脑白金很棒；

新闻和报纸都说脑白金很棒；

有一个朋友跟我说脑白金很棒。

读完上面的几句话，在你的心里有没有觉得脑白金真的很棒？如果还没有也没关系，你可以重复10次、20次，直到你相信为止。谎言重复千遍就是真理，这就是心理暗示的魔力所在。

如今，人们对大道理都比较排斥。因此，要想让顾客接受我们的产品，就必须将道理、思想、观点等融入故事中，通过故事暗示给他们。通过故事暗示产品很好，胜过讲一整套大道理、举一大堆数据。

暗示性的语言，能够帮助人们表达出自己无法开口的请求或想法，在潜移默化中使对方接受。在销售讲故事的过程中，暗示是销售人员对顾客的需求进行认真的分析后，给予顾客的善意的提醒。销售人员要掌握通过故事清楚地表达自己销售产品意愿的技巧，就要学会使用故事暗示顾客。

心理暗示真的这么有用吗？看一个简单的例子，你就明白了。

在新日电动车的专卖店里，一名顾客向推销员咨询："我经常在电视上看到你们的广告，你们这么多牌子，到底哪里好？"

推销员没有马上向这位顾客解释电动车的优点，而是对这位顾客说道："我听您这么一说，我就知道您肯定对我们的产品比较关注，您了解得也比较详细。我们的产品到底怎么样，我作为销售人员，说多了您也不信。这样吧，我给您讲一个故事吧。"

"前些天，一位大爷到我们店里购买电动车，他从来没有骑过电动车，他买来是为了接他的孙子上下学用的。他说他唯一的要求就是要安全。他说他在马路上看到骑电动车的10个人中，至少有8个是新日的，所以认为新日的一定很好。于是前来购买。他买了一辆电动车，我们的工作人员教他学会了他才开走。这不，昨天，这位大爷特意骑着电动车带着孙子来告诉我们，说我们的电动车非常好骑，既安全又耐用。"

这名顾客听了马上就买了一辆。

这位推销员通过这样一个小故事，委婉地表达出了新日电动车在当地的销售量很高的事实，销量大这个事实也暗示了他们的产品质量是好的，也就说明了他们的产品与其他品牌的不同。

当我们向顾客讲故事时，如果我们只是在故事里告诉顾客，我们的产品有多么好，销量有多么高等诸多好处时，无论我们讲的是否真实，在顾客听来，这些都可能是假的，是为了骗他们掏出钱包而捏造出来的。而上面这位销售人员并没有讲这样的故事，而是通过一个大爷购买电动车的故事，在故事里暗示顾客新日电动车的销量很高。这种通过讲故事暗示客户的销售技巧是每一个销售人员都应该掌握的。

那么，我们在讲故事时，应该如何运用暗示的语言达到成交的目的呢？相信下面三个方法会对你有所帮助：

### 第一，用描述式进行暗示

所谓描述式，就是在讲故事时用积极的语言。通俗地说，就是给顾客讲一个充满正能量、积极的故事。比如，"某位顾客用完我们的产品后变化很大，整天感到精神饱满、充满力量"。把这种描述性的语言应用到我们的故事中，会取得不错的效果。通过这种描述暗示顾客在使用产品后也会感到精神饱满、充满力量，从而让顾客产生购买的欲望。

### 第二，讲产品故事时，要加强语气

销售人员在向顾客讲故事时，涉及产品质量的问题时，如果态度不坚决，暗示效果就会受到影响。所以，当我们在向顾客讲产品故事时或有关产品质量的故事时，需要加强语气，让顾客感受到我们胸有成竹，以博得顾客的信任，让顾客无后顾之忧。

### 第三，讲带有损失性暗示的故事

损失性暗示主要应用于保险销售人员。如果顾客比较注重人身健康安全、财产安全的话，我们就可以讲一个"某人因为没有购买此保险，结果最后导致没钱看病"的故事，利用这样的故事巧妙地暗示顾客：如果不及时购买此类产品，那你将因小失大，失去重要的安全或健康的保障，以此让顾客做出购买决定。

总之，利用故事对顾客进行心理暗示，在掌握以上三个方法的同时，还必须在实践中融会贯通，灵活运用。我们只有把握住暗示的分寸和尺度，才能达到自己想要的效果。

## 怕买不到心理——给顾客讲一个"物以稀为贵"的故事

在本节开始之前，我们先来看一项著名的实验。

某商店老板将一些巧克力曲奇饼干免费让顾客品尝。他先是从一个满满的罐子里取出一些饼干给他们吃，顾客说"味道不错"；然后又从一个个快空了的罐子里拿一些饼干给他们吃，顾客说"这种饼干味道更好"。其实，老板拿的是同一种饼干，只是形状略有不同罢了。

这项实验说明了人类天性中一个很有趣的心理：得不到的永远是最好的，吃不到嘴里的永远是香的。

在讲故事销售中，这个道理同样适用。人们常常对那些买不到的稀罕东西兴趣比较大，越买不到，越想得到。我们可利用顾客"怕买不到"的心理吸引他的眼球。比如说，我们可以跟顾客讲这样一个故事："这款衣服很多人都看中了，但这个码数只有这一件了，很多人都穿不了，而且这款衣服就剩下最后一件了，而且货源也比较紧缺，短期内我们不会再进货了，您要不买恐怕以后真的买不到了。"一般来说，只要对这件衣服感兴趣的顾客，听了我们讲的故事，就会"很听话地"买下这件衣服，因为他怕"买不到"啊。

我们在讲故事进行过程中，可以充分利用顾客的"怕买不到心理"，讲一个"物以稀为贵"的故事。千万不能告诉顾客："我们这儿这类货太多了，任您随便挑。"这样，顾客就会感觉自己选择的余地很大，完全没有必要花大价钱买你的东西。有时候，"存货不多""限时特供"，会让顾客更加珍惜哦。销售精英们都知道，强调对损失的恐惧比强调收益更能见效。

接下来，我们来看一个看似有些荒诞的故事。

在一个大型拍卖会上，有一个商人拿着三件奇珍异宝进行拍卖。他给大家讲了这三件宝物是如何得来的，讲完以后，他告诉大家这三件宝物的底价为6000万美元。但是没有一个人肯拍下来。这个商人当机立断，把一件宝物丢在地上打碎了，人们感到非常遗憾。第二次底价仍为6000万美元，还是没有一个人肯出价购买。于是商人又把两件中的一件宝物丢在地上打碎了，现在只剩下最后一件。大家都深深地为打碎的两件宝物而痛惜。第三次出价，底价仍为6000万美元。这时，奇迹出现了，拍卖会上许多人都开始出价抢购这件宝物。

当你看完这个故事后，肯定会认为这是假的，世上哪有那么傻的人，把这么珍贵的宝物打碎。是的，世上确实有这样的人，真正的推销高手对自己的商品有信心，懂得如何利用人们"物以稀为贵"的心理讲销售故事，最终取得成功。

无独有偶。在意大利著名的莱尔商店，商店里的推销员都会给光顾的顾客讲同样一个故事，即顾客看中的商品仅出售一次，以后再不会进货，再热销的东西也是如此。你是不是觉得，这家商店会损失许多利润呢？实际上恰恰相反，因为商品太抢手，利润会更大。这家商店就抓住了顾客"怕买不到"的心理，给顾客讲了一个"物以稀为贵"的故事，让顾客觉得这家商店的东西"机不可失，时不再来"，一旦犹豫就再也买不到了。所以，莱尔商店只要有新品上市，往往会被顾客一抢而空。

这就是讲故事销售中的一种策略，销售专家给它取名叫"匮乏术"。给顾客讲一个"物以稀为贵"的故事，让故事告诉顾客你所销售的产品奇货可居，马上就要买不到了。顾客便会马上做出购买的决定。有时候，销售中讲故事就是这么简单。

## 逆反心理——你不卖给他，他偏偏抢着要

"你不给我，我偏要！"这是人普遍存在的一种逆反心理。

人在受到批评的时候，都会觉得"不服"，心里很别扭，就算是自己不对，也死不承认。在故事销售中利用这种心理倾向，对销售工作大有裨益。

我们身边有很多这样的例子。

有一家销售酒的商店生意一直不是很好，于是老板想出一个主意。老板让人在离他商店不远的大街上盖了一所漂亮的小房子，并且在房子墙壁四周打了一些小孔，房门上写着四个大字：不许偷看！很多路人因为好奇，都要对着小孔看看。一看，映入眼帘的是："美酒飘香，请君品尝。"鼻子下面正好放着一瓶香气袭人的美酒。于是，闻到酒香的人纷纷走进了这家卖酒的商店。越来越多的人"偷看"了小屋里的美酒，越来越多的人走进了老板的美酒专营店。

"不许偷看"四个字，正是利用了人的逆反心理，你不让我看，我偏偏要看。利用逆反心理抓住顾客的心，然后讲出销售故事，这是销售获胜的一个法宝。

现实生活中，每个人都或多或少有些逆反心理，当别人告诉他们"不准看"时，他们就偏偏要看。所以，在讲销售故事中，我们可以利用这种心理，让顾客抢着购买我们所销售的产品。

现在很多超市都在搞什么"五年店庆""十周年庆"之类的促销活动，广告词大同小异，都是一些诸如"加一元多一件""买一赠一大酬宾"的口号，这些销售手段很平常，没什么出彩之处。销售人员要走出这种大促销、赶着卖的怪圈，抓住顾客的逆反心理，效果反而会更好。

比如一家大型卖场，举行了一场促销活动。刚开始是"买三赠一大酬

宾",效果不是很好,愿意尝试的顾客不多。后来,卖场经理想出了一个办法,在活动现场,竖有一块牌子,上面写着这样一段话:"我们引进的这批饮料,是一个已经离世的生物学家研究出来的,他在研究出这种饮料后,就因病去世了。后来,公司为了纪念他,就以他的名字命名这种饮料。但由于他只是研究出来,没有把详细的配方写出来,所以这种饮料生产出第一批后,就再也生产不出相同的味道了。所以,为了让每个人都体验一下这个味道,我们特举行大型促销活动,但每人限购一瓶。"

现场的推销人员也一直在向路人讲述这个故事。

这个活动举办以后,饮料牌子几乎要被熙熙攘攘的顾客挤倒了,生意火得不得了。人们都想尝尝这个饮料有什么特别之处。

这个活动成功的缘由,就是因为它抓住了顾客逆反心理讲了一个销售故事。出于逆反心理,很多顾客本来不想,但是一说限购,就觉得买一瓶还是很合算的。你不卖给他,他偏偏要抢着买,是不是很奇妙?一点也不,这就是人的心理,人的天性就是如此。

所以说,利用顾客的逆反心理讲销售故事,是一个比较有效的销售策略,就看你能不能让顾客"对着干"。

## 使用激将法讲故事

有一个女孩在商店里看中了一款时尚皮鞋,但她只是站在柜台前盯着看,向柜台售货员问一些无关紧要的问题。很明显,这个女孩是喜欢这款皮鞋的,但可能是因为价格过高的原因一直没有做出购买的决定。该柜台的销售人员李玲捕捉到了女孩的这种心理,于是走上前去对女孩讲了这样一个故事:"这款皮鞋是我们的最新款,很多女孩都看中了。我也很喜欢这款皮鞋,但依我的工资确实买不起这双皮鞋。如果这双皮鞋的价格不让你满意的话，你要不看看别的款式？"

女孩听了李玲的故事后，表情坚定地买下了这双皮鞋。

李玲的故事看似简单，但其中却有一定的奥妙，她讲的销售故事激发了女孩的好胜心，才导致销售的最终成功。从李玲的案例中，你是否看到了一个讲销售故事的绝佳技巧：使用"激将法"讲故事。

在现实的销售中，我们常常会遇到这样一类顾客：他们虽然对产品有需要，但出于某种原因，一直犹豫不决，拿不定主意。俗话说："请将不如激将。"遇到这类顾客，如果我们只是一味地去向顾客讲述产品的诸多优点，会让顾客迟迟做不出购买的决定。这时，我们便可以采用激将法讲故事。

所谓激将法讲故事，就是在故事中通过一定的语言去刺激顾客，引发顾客的好胜心，最终使销售成功。使用激将法讲故事的效果如何，取决于我们对顾客刺激是否达到了"临热点"。有时，我们只需在故事中"稍许加热"即可，有时，则需要我们在故事中"火上浇油"。

当然，能否取得最佳的销售效果，还需要我们根据顾客的具体情况来讲故事。不同性格的顾客，有着不同的激将技巧。我们要巧妙地利用他们的心理特点来讲出激将的故事。有的放矢，是讲故事销售的一个基本保证。

那么，我们应该如何使用激将法讲故事，引发顾客的好胜心呢？我们先来看一个例子。

有位销售员去一家工厂推销女士发夹，工厂里刚下班的女孩们围在一起观看。其中一个女孩对销售员说他的发夹质量不好，而且价格也太贵了。没想到这位销售员马上反驳："你一个打工妹，恐怕一个2元钱，你都买不起！"这句话大大伤了那个女孩的自尊心，她招呼其他工友说："你们做个证，他卖我2块钱一个，我全要了。"于是工友们纷纷拿出钱来，把销售员的发夹全部买了下来。

销售员卖掉了所有的发夹，回到公司后不仅没有受到赞扬，反而挨了经理好一顿批，当月工资也被扣掉了一大部分。原来，这个发夹的市场价格至少是5元，而他没有考虑后果的做法，不仅没有与顾客们建立良好的关系，反而让自己做了一笔亏本的买卖。

讲一个能"激怒"顾客的故事，我们要保证故事能激发顾客的好胜心，但是却不能伤害顾客。如果像上例中的销售员一样，对女孩说出"你买不起"的话，诚然，这句话也能对顾客产生"激"的作用，不过这句话却可能伤害顾客的自尊心。其结果就是顾客马上翻脸，这样不仅达不到销售的目的，反而会损害产品的形象。

利用激将法讲一个引发顾客好胜心的故事，就能让犹豫不决的顾客做出购买的决定，何乐而不为呢！